Reihe *leicht gemacht* ®

Herausgeber:
Prof. Dr. Hans-Dieter Schwind, Hochschullehrer
Dr. Peter-Helge Hauptmann, Richter am AG

Verwaltungsrecht

leicht gemacht

Allgemeines und Besonderes Verwaltungsrecht
für Studierende an Universitäten, Fachhochschulen und
Berufsakademien

2., erweiterte und überarbeitete Auflage

von

Claus Murken
Rechtsanwalt und Repetitor

Ewald von Kleist Verlag, Berlin

Besuchen Sie uns im Internet:
www.leicht-gemacht.de

2., erweiterte und überarbeitete Auflage des Buches
„Allg. Verwaltungsrecht *leicht gemacht*"

Umwelthinweis:
Dieses Buch wurde auf chlorfrei gebleichtem Papier gedruckt.

Ewald v. Kleist Verlag
ISBN 3-87440-240-1
978-3-87440-240-8
www.leicht-gemacht.de
© 2008 Ewald v. Kleist Verlag
Gestaltung: www.ramminger.de; Michael Haas ComputerSatz, Berlin
Druck & Verarbeitung: Druck und Service GmbH, Neubrandenburg
Gedruckt in Deutschland
leicht gemacht® und *von Kleist*® sind eingetragene Warenzeichen

Inhaltsverzeichnis

I. Verwaltung und Verwaltungsrecht

II. Der Verwaltungsakt

III. Verwaltungsverfahren und -vollstreckung

IV. Die Haftung des Staates

V. Besonderes Verwaltungsrecht

Leitsatz- und Übersichtsverzeichnis

(Fortsetzung auf Seite 164)

I.   Verwaltung und Verwaltungsrecht

Lektion 1: Verwaltungsrecht als Teil des öffentlichen Rechts

Was ist eigentlich Verwaltung? Wo und wie wird sie tätig? Eine Vorstellung davon hat wohl jeder, und typische Beispiele zu nennen fällt nicht schwer: Klassische Fälle sind etwa die Bauaufsicht, die Gewerbekontrolle, das Erheben von Abgaben, Steuern und Gebühren, die Schulverwaltung oder die Bewilligung von Sozialleistungen. Aber auch der Polizist, der den Verkehr regelt, wird verwaltend tätig. Und selbst der Kinderspielplatz ist ein Ergebnis von Verwaltungsaktivität: Seine Bereitstellung gehört – ebenso wie die Gewährleistung von Stromversorgung oder Nahverkehr – zu einer besonders vornehmen Aufgabe der Verwaltung, der Daseinsvorsorge für die Bürger.

Verwaltung reicht mittlerweile in viele, ja nahezu alle Lebensbereiche hinein. Gerade auch deshalb ist es wichtig, dass sie nicht willkürlich geschieht. So darf der Beamte in der Versammlungsbehörde nicht etwa nach Tageslaune darüber befinden, ob er eine geplante Demonstration verbietet oder nicht. Die Verwaltung muss sich vielmehr an Vorgaben halten. Wo aber sind solche Spielregeln zu finden, d.h. welches Recht gilt für die Verwaltung?

Die deutsche Rechtsordnung kennt zwei große Rechtsgebiete: Privatrecht und öffentliches Recht. Für die Verwaltung gelten in aller Regel – Sie werden es bereits geahnt haben – die Vorschriften des öffentlichen Rechts.

Bereits an dieser Stelle ein kleiner Hinweis: Ohne die in diesem Band angegebenen Paragraphen nachlesen zu können, macht die Lektüre dieses Buchs wenig Freude (und noch weniger Sinn). Auch wenn der tiefe Griff in die Tasche Überwindung kostet, besorgen Sie sich – zumindest wenn Sie es häufiger mit dem Verwaltungsrecht zu tun haben – am besten die Gesetzessammlung „Sartorius". Dessen Nummerierung ist nach den im Text neu auftauchenden Gesetzen jeweils angegeben, um Ihnen zumindest die Sucharbeit zu erleichtern.

Für die Verwaltung gelten wie gesagt grundsätzlich die Regelungen des öffentlichen Rechts. Wann jedoch liegt öffentliches Recht in Abgrenzung zum Privatrecht vor? Dazu der erste Beispielsfall:

■ Fall 1

Die Gewerbeaufsichtsbehörde untersagt dem Bierproduzenten B gemäß § 35 I GewO (Sartorius Nr. 800) die Fortführung seines Betriebs, da er wiederholt zu tief ins Glas geschaut habe. Er sei daher als unzuverlässig anzusehen. B ist darüber so erzürnt, dass er sich sofort in den nächsten Supermarkt begibt. Dort kauft er gemäß § 433 BGB einen Kasten des eigenen Gebräus, mit dem er sein Mütchen zu kühlen sucht. Welche der beiden genannten Vorschriften ist öffentlich-rechtlich, welche privatrechtlich?

Die Differenzierung zwischen öffentlichem Recht und Privatrecht ist nicht ganz unproblematisch. Gleich zu Beginn dieses Buchs Theoretisches auszubreiten, ist daher leider unvermeidbar (soll in diesem Ausmaß aber nicht wieder vorkommen, versprochen!).

Denn worin der Unterschied eigentlich besteht, darüber streiten sich die Gelehrten, und das bereits seit langem. Schon der römische Jurist Ulpian hat sich im 2. Jahrhundert nach Christus Gedanken gemacht: Dem öffentlichen Recht zugehörig sind seiner Meinung – und der heute noch vertretenen „Interessentheorie" nach – alle Vorschriften, die öffentlichen Interessen dienen. Zum Privatrecht hingegen gehören die Regelungen, die Privatinteressen dienen.

Noch anschaulicher kommt die sog. „Subordinationstheorie" daher: Danach liegt öffentliches Recht immer dann vor, wenn die Beteiligten in einem Über-/Unterordnungsverhältnis stehen (der Staat also über dem Bürger). Privatrecht sei demgegenüber durch ein Verhältnis der Gleichordnung (Bürger – Bürger) gekennzeichnet.

Die „Zuordnungstheorie" schließlich stellt das Zuordnungssubjekt der jeweiligen Vorschrift in den Mittelpunkt: Werde ausschließlich der Staat durch die Vorschrift berechtigt oder verpflichtet, so liege öffentliches Recht vor. Die für jedermann geltenden Regelungen seien dagegen dem Privatrecht zuzurechnen.

Durchsetzen konnte sich bislang keine der verschiedenen Lehrmeinungen. Für den Einzelfall sind sie je nach Eignung auch nebeneinander anwendbar. Meist ist die Unterscheidung ohnehin leicht zu treffen, und auch die Theorien gelangen größtenteils zum selben Ergebnis.

So auch in Fall 1: § 35 GewO ist – unschwer zu erkennen – eine Vorschrift des öffentlichen Rechts. Sie dient nämlich öffentlichen Interessen (dem Schutz vor Gefahren durch die Unzuverlässigkeit des Gewerbetreibenden). Die Behörde, die die Untersagung ausspricht, ist dem G zudem rechtlich übergeordnet. Schließlich berechtigt § 35 GewO ausschließlich staatliche Stellen dazu, eine Gewerbeuntersagung zu verfügen. Allen drei Theorien zufolge ist § 35 GewO damit dem öffentlichen Recht zuzuordnen.

Auch im Hinblick auf § 433 BGB herrscht Übereinstimmung: Die Regelung dient privaten Interessen (nämlich denen der am Kauf Beteiligten). Käufer und Verkäufer sind einander gleichgeordnet. Darüber hinaus kann jedermann Kaufverträge abschließen, nicht etwa nur Hoheitsträger. Einstimmiges Ergebnis zu § 433 BGB also: Privatrecht!

Leitsatz 1

Öffentliches Recht

Das öffentliche Recht ist vom Privatrecht abzugrenzen.

Dem öffentlichen Recht gehören diejenigen Vorschriften an, die
– öffentlichen Interessen dienen (Interessentheorie)
– den Staat dem Bürger überordnen (Subordinationstheorie) bzw.
– einseitig den Staat berechtigen oder verpflichten (Zuordnungstheorie).

Die Leitsätze fassen die wesentlichen Punkte einer Lektion nochmals zusammen. Sie sind dazu gedacht, das Ganze merkfähig zu machen. Mit ihrer Hilfe können Sie sich das Gelernte noch einmal leicht ins Gedächtnis zurückrufen; prägen Sie sich die Leitsätze gut ein.

So, der Begriff des öffentlichen Rechts wäre soweit möglich geklärt. Öffentliches Recht aber ist ein weites Feld; welche Vorschriften gelten denn nun speziell für die Verwaltung? Das öffentliche Recht umfasst das Verfassungsrecht, Völker- und Europarecht, Strafrecht und – da haben wir's – Verwaltungsrecht. Dazu die Übersicht 1:

Übersicht 1: Aufbau des Öffentlichen Rechts in Deutschland

öffentliches Recht

| Verfassungs-recht | Völker- und Europarecht | Strafrecht | Verwaltungs-recht |

Das Verwaltungsrecht wird von den Vorschriften innerhalb des öffentlichen Rechts gebildet, die eigens für die Verwaltung, insbesondere ihre Tätigkeit und Organisation, gelten. Das Verwaltungsrecht regelt darüber hinaus die Beziehungen zwischen Bürger und Verwaltung, vor allem die Rechte und Pflichten, die dem Bürger gegenüber der Verwaltung zukommen.

Fall 2

A errichtet in seinem Vorgarten ohne Genehmigung einen Whirlpool. Die Bauaufsichtsbehörde möchte einen Stopp der Bauarbeiten anordnen. Zur gleichen Zeit stellt die örtliche Umweltbehörde fest, dass die Fabrik des Unternehmers B zu viele Schadstoffe ausstößt. Sie will ihm daher aufgeben, einen Schadstofffilter in den Schornstein einzubauen. Beide Behörden fragen sich, ob sie die genannten Verfügungen ohne weiteres erlassen können. Oder müssen sie A und B zuvor Gelegenheit zur Stellungnahme geben?

Innerhalb des Verwaltungsrechts ist zu unterscheiden zwischen Besonderem und Allgemeinem Verwaltungsrecht. Besonderes Verwaltungsrecht ist das Recht der einzelnen Tätigkeitsbereiche der Verwaltung, also z.B. Baurecht, Gewerberecht, Straßenrecht, Polizei- und Ordnungsrecht,

Sozial-, Schul-, Abgaben- oder Dienstrecht. Das besondere Verwaltungsrecht ist in speziellen Gesetzen geregelt. Das Baurecht etwa hat seinen Platz im Bundesbaugesetzbuch und den Landesbauordnungen gefunden, das Gewerberecht in der Gewerbeordnung und im Gaststättengesetz, das Umweltrecht im Bundes-Immissionsschutzgesetz usw.

Das Allgemeine Verwaltungsrecht dagegen umfasst diejenigen Regelungen, Prinzipien und Begriffe, die grundsätzlich für alle Bereiche des Verwaltungsrechts gelten. Es beschäftigt sich etwa mit der Organisation der Verwaltung und enthält grundlegende Regeln über deren Handlungsmöglichkeiten, das Verfahren, die Vollstreckung sowie die Staatshaftung. Geregelt ist das allgemeine Verwaltungsrecht im Wesentlichen im Verwaltungsverfahrensgesetz (VwVfG – Sartorius Nr. 100). Ein VwVfG gibt es dabei im Bund und in den einzelnen Ländern: Handelt eine Bundesbehörde, so gilt das VwVfG des Bundes. Wird eine Landesbehörde tätig, gelangt das VwVfG des Landes zur Anwendung. Im Buch angegeben werden jeweils die Paragraphen des Bundes-VwVfG. Die meisten Verwaltungsverfahrensgesetze der Länder verweisen auf dieses oder stimmen mit ihm überein. Allein in Schleswig-Holstein ist die Nummerierung der Vorschriften eine andere, inhaltlich ergeben sich jedoch (zumindest bezüglich der für uns relevanten Normen) keine Unterschiede.

Übrigens: Hinsichtlich der Differenzierung zwischen Allgemeinem und Besonderem Verwaltungsrecht besteht eine deutliche Parallele zum Privatrecht. Vielleicht sind Sie schon einmal mit dem Bürgerlichen Gesetzbuch (BGB) in Berührung gekommen. Dort ist als erstes der sogenannte Allgemeine Teil geregelt. Dieser enthält Grundsätze, die für alle Bücher des BGB gelten, z.B. wichtige Definitionen oder allgemeine Regelungen, wann ein Vertrag zustande kommt. Die Methode, Grundregeln „vor die Klammer zu ziehen", erleichtert dem Gesetzgeber die Arbeit ungemein, ist er doch so nicht zu ständigen Wiederholungen gezwungen. Ähnlich ist er also im Verwaltungsrecht verfahren.

In Fall 2 geht es um verschiedene Bereiche des Besonderen Verwaltungsrechts, nämlich um Baurecht und Umweltrecht. Die Anordnung gegenüber A, die Bauarbeiten am Pool zu stoppen, richtet sich nach der Landesbauordnung. Für die Anweisung an B, einen Schadstofffilter in seinen Schornstein einzubauen, sind die Vorschriften des Bundesimmissionsschutzgesetzes maßgeblich. Die Frage aber, ob A und B angehört werden müssen, richtet sich in beiden Fällen nach Allgemeinem Verwaltungsrecht: § 28 I VwVfG regelt, dass vor Erlass einer belastenden Verfügung den Betroffenen Gelegenheit zur Stellungnahme zu geben ist. Die Vorschrift gilt für alle belastenden Verfügungen, egal aus welchem Gebiet des Besonderen Verwaltungsrechts sie stammen. A und B dürfen sich vor Erlass der Anordnungen also zur Sachlage äußern.

Übersicht 2 fasst das Verhältnis von Besonderem und Allgemeinem Verwaltungsrecht noch einmal zusammen:

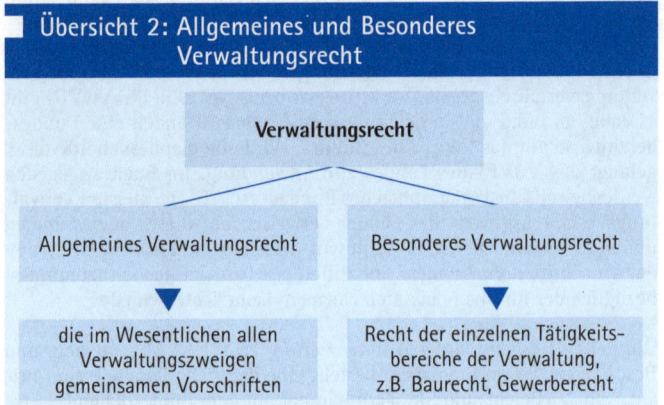

Übersicht 2: Allgemeines und Besonderes Verwaltungsrecht

Verwaltungsrecht

Allgemeines Verwaltungsrecht

die im Wesentlichen allen Verwaltungszweigen gemeinsamen Vorschriften

Besonderes Verwaltungsrecht

Recht der einzelnen Tätigkeitsbereiche der Verwaltung, z.B. Baurecht, Gewerberecht

Das Allgemeine Verwaltungsrecht behandelt also die Fragen, die für alle speziellen Verwaltungszweige gelten. Ihm wollen wir uns im Folgenden widmen. In den Lektionen 14 – 16 werden dann die ausbildungs- und praxisrelevantesten Bereiche des Besonderen Verwaltungsrechts konkret dargestellt: Baurecht, Gewerbe- und Gaststättenrecht, Polizei- und Ordnungsrecht.

Lektion 2: Verwaltungsorganisation

■■■ Fall 3

K möchte sich mit einer Ein-Euro-Ladenkette selbstständig machen. Aus dem Internet erfährt er, dass der Bund Fördermöglichkeiten für Existenzgründer bereitstellt. Wenden müsse man sich dazu an das Bundeswirtschaftsministerium. K stellt einen Förderantrag, der wenige Tage später auf dem Tisch des Sachbearbeiters S im Wirtschaftsministerium liegt. Der Bund, das Bundesministerium für Wirtschaft und der sachbearbeitende Beamte S sind verschiedene Glieder innerhalb der Verwaltungsorganisation. Wie heißen sie?

Für die Verwaltungstätigkeit werden sowohl Personen, die sie ausführen, wie auch sachliche Hilfsmittel (Gebäude, Büromaterial etc.) benötigt. Bereitgestellt werden diese Voraussetzungen für die Verwaltungstätigkeit jeweils von einer Organisation, dem sog. „Verwaltungsträger". **Verwaltungsträger** sind Organisationen zur Erfüllung öffentlicher Aufgaben. Dies sind die juristischen Personen des öffentlichen Rechts, also insbesondere der Bund, die Länder und Gemeinden, Landkreise sowie sonstige Körperschaften, Anstalten und Stiftungen des öffentlichen Rechts (was sich hinter letzteren drei Begriffen im Einzelnen verbirgt, werden wir gleich noch sehen).

Als juristische Personen sind die Verwaltungsträger zwar rechtsfähig, aber nicht handlungsfähig. Zum Handeln bedienen sie sich vielmehr ihrer „Organe". **Organe** sind also Einrichtungen eines Verwaltungsträgers, die für diesen nach außen tätig werden. Organe können aus Einzelpersonen oder Gremien bestehen. So hat beispielsweise die Gemeinde die Organe Bürgermeister und Gemeindevertretung. Organe des Bundes sind etwa Bundeskanzler, Bundesregierung und Bundesministerien.

Da es sich auch bei den Organen lediglich um rechtliche Gebilde handelt, benötigen sie Menschen, die für sie tätig werden: Diese natürlichen Personen, die die den Organen zugewiesenen Aufgaben konkret ausführen, heißen „**Organwalter**"; Beispiele: Das einzelne Mitglied der Gemeindevertretung, der dem Bürgermeister unterstehende Sachbearbeiter.

Zu **Fall 3**: Der Bund ist als rechtsfähige juristische Person des öffentlichen Rechts „Verwaltungsträger". Das Bundesministerium für Wirtschaft ist für den Bund handelndes „Organ", der Sachbearbeiter S aus dem Wirtschaftsministerium „Organwalter".

Unmittelbare und mittelbare Staatsverwaltung

Im Hinblick auf den Verwaltungsaufbau in der Bundesrepublik Deutschland ist zwischen unmittelbarer und mittelbarer Staatsverwaltung zu unterscheiden.

Leitsatz 2

!

Arten von Staatsverwaltung

Sowohl dem Bund wie auch den Ländern kommt Staatsqualität zu. Als Inhaber ursprünglicher, nicht abgeleiteter Herrschaftsgewalt sind sie originäre Verwaltungsträger. Werden sie **durch eigene Behörden** verwaltend tätig, so bezeichnet man dies als **„unmittelbare"** Staatsverwaltung. Bund und Länder können ihre Verwaltungsaufgaben aber auch **durch rechtlich verselbstständigte Verwaltungsträger** wahrnehmen, die im Auftrag und unter der Aufsicht von Bund bzw. Ländern tätig werden – sog. **„mittelbare"** Staatsverwaltung.

Wie die mittelbare Staatsverwaltung ausgestaltet ist, sehen wir uns nachher im Einzelnen an. Jetzt erst einmal zur unmittelbaren Staatsverwaltung: Sie kann sowohl auf Bundes- wie auch auf Landesebene stattfinden:

Unmittelbare Bundesverwaltung

▬▬ Fall 4

Bundesligakeeper K liebt die Geschwindigkeit und seinen Porsche. Abseits des Fussballplatzes macht er sich einen Sport daraus, Polo-Fahrer zu jagen. Einen besonders greisen Polo am Horizont im Visier, übersieht er bei Tempo 250 großzügig das Geschwindigkeitsbegrenzungsschild „120" wie auch das dahinter aufgebaute Blitzgerät. K findet sich in einem warmen Punkteregen aus Flensburg wieder. Welche Art von Behörde ist das Flensburger Kraftfahrt-Bundesamt?

Unmittelbare Staatsverwaltung durch den Bund als Verwaltungsträger – die sog. „unmittelbare Bundesverwaltung" – liegt, wie gerade erwähnt, vor, wenn der Bund die Gesetze durch eigene Behörden vollzieht.

Zu unterscheiden sind dabei insbesondere zwei Arten von Behörden: die obersten Bundesbehörden und die Bundesoberbehörden. Gemeinsam ist ihnen, dass sie räumlich jeweils für das gesamte Bundesgebiet zuständig sind. Den obersten Bundesbehörden kommt Verfassungsrang zu, sie sind im Grundgesetz genannt, z.B. Bundesregierung, Bundeskanzler und Bundesminister (Art. 62, 65 GG). Bundesoberbehörden sind den verschiedenen Bundesministerien nachgeordnete Behörden, die sachlich für spezielle Verwaltungsaufgaben zuständig sind. Dem Innenministerium nachgeordnet ist etwa das Bundeskriminalamt, dem Wirtschaftsministerium das Bundeskartellamt.

Das Kraftfahrt-Bundesamt in Flensburg aus Fall 4, mit dem K sich angelegt hat, ist eine dem Verkehrsministerium nachgeordnete Behörde und damit Bundesoberbehörde.

Unmittelbare Landesverwaltung

▣ Fall 5

Im Bundesland L ist oberste Abfallwirtschaftsbehörde der Umweltminister, obere Abfallwirtschaftsbehörde der Regierungspräsident, untere Abfallwirtschaftsbehörde der Kreis. Sachbearbeiter S des Landkreises K ist erbost, dass das Regierungspräsidium ständig Weisungen zur Genehmigung von Mülldeponien in K erlässt. Muss S diese befolgen und die Deponien genehmigen?

Die Verwaltungstätigkeit obliegt gemäß Art. 30, 83 GG grundsätzlich den Ländern: Diese vollziehen nämlich neben den eigenen Gesetzen in der Regel auch die Bundesgesetze (Art. 83 GG). Anders als auf Bundesebene findet sich aufgrund des größeren Aufgabenumfangs in den Ländern daher regelmäßig auch ein mehrstufiger Verwaltungsaufbau: Oberstufe, Mittelstufe und Unterstufe.

Behörden der Oberstufe sind für das gesamte Landesgebiet zuständig. Oberste Landesbehörden sind solche, denen aufgrund der jeweiligen Landesverfassung Verfassungsrang zukommt, bspw. die Landesregierung, der Ministerpräsident und die Landesministerien. Die sogenannten

Landesoberbehörden sind wie auf Bundesebene die Bundesoberbehörden den einzelnen Ministerien nachgeordnet; sie nehmen sachlich spezielle Verwaltungsaufgaben wahr. So ist etwa das Landeskriminalamt dem Innenministerium des Landes nachgeordnet.

Die Mittelstufe in der Verwaltungsorganisation der Länder bilden die – je nach Land unterschiedlich bezeichneten – „Regierungspräsidien", „Regierungen" oder „Bezirksregierungen". Sachlich nehmen sie sämtliche Formen von Verwaltungsaufgaben wahr. Sie sind jedoch örtlich jeweils nur für einen bestimmten Bezirk des Landes zuständig.

Auf der Unterstufe nehmen die Landkreise die allgemeinen Verwaltungsaufgaben wahr, soweit nicht für einzelne Aufgabenbereiche Sonderverwaltungsbehörden (z.B. Forstämter, Eichämter, Finanzämter) gebildet wurden.

Nachgeordnete Behörden unterliegen dabei der Fachaufsicht der übergeordneten Behörden, d.h. ihr Handeln kann auf Recht- und Zweckmäßigkeit hin kontrolliert werden. Außerdem können den nachgeordneten Behörden Vorgaben gemacht werden.

So könnte etwa das Umweltministerium aus Fall 5 allgemein bestimmen, wie mit Genehmigungsanträgen für Mülldeponien im Einzelnen zu verfahren ist. Auch die Weisungen des Regierungspräsidiums, die Mülldeponien im Landkreis K zu genehmigen, müssen von der unteren Abfallwirtschaftsbehörde befolgt werden. Sachbearbeiter S muss die Genehmigungen demnach schweren Herzens erteilen.

Mittelbare Staatsverwaltung

■■■ Fall 6

Rechtsanwalt R hat sich auf Rentenrecht spezialisiert. Da seine Wohnzimmerkanzlei sich jedoch im fünften Stock eines fahrstuhllosen Gebäudes befindet, hält sich der Mandantenzuspruch bislang in Grenzen. Den Jahresbeitrag seiner Rechtsanwaltskammer, den R ohnehin für unangemessen hält, möchte er gerne einsparen, indem er diese verlässt. Um was für eine Einrichtung handelt es sich bei der Rechtsanwaltskammer? Kann R aus ihr austreten?

Bund und Länder können Verwaltungsaufgaben nicht nur durch eigene Behörden (unmittelbare Staatsverwaltung), sondern auch durch **rechtlich verselbstständigte Verwaltungsträger** wahrnehmen, die im Auftrag und unter der Aufsicht des Bundes bzw. Landes tätig werden: sogenannte mittelbare Staatsverwaltung. Diese rechtlich verselbstständigten Verwaltungsträger sind Körperschaften, Anstalten und Stiftungen des öffentlichen Rechts.

Körperschaften des öffentlichen Rechts sind durch staatlichen Hoheitsakt (z.B. Gesetz) geschaffene Organisationen, die öffentliche Aufgaben wahrnehmen. Sie bestehen aus Mitgliedern, wobei der Bestand der Körperschaft vom Wechsel der Mitglieder unabhängig ist. Nach ihren Mitgliedern lassen sich verschiedene Arten von Körperschaften differenzieren: So ergibt sich die Mitgliedschaft bei einer Gebietskörperschaft aus dem Wohnsitz in einem bestimmten Gebiet. Jeder Einwohner einer bestimmten Gemeinde ist daher Mitglied der Gebietskörperschaft Gemeinde. Bei Personalkörperschaften folgt die Mitgliedschaft dagegen aus einer speziellen Eigenschaft einer Person, z.B. dem Beruf. Personalkörperschaften haben diese Personen in der Regel als Zwangsmitglieder. Die Rechtsanwaltskammer aus **Fall 6** ist eine derartige Personalkörperschaft. Alle Rechtsanwälte in ihrem Bezirk sind Zwangsmitglieder, R kann den Kammerbeitrag daher nicht ohne weiteres durch Austritt einsparen.

Mittelbare Staatsverwaltung kann daneben auch über **Anstalten des öffentlichen Rechts** erfolgen. Anstalten sind organisatorisch verselbstständigte Zusammenfassungen von Personal- und Sachmitteln zur Erfüllung einer öffentlichen Aufgabe. Sie werden ihren Benutzern zur Verfügung gestellt. Klassisches Beispiel sind etwa die öffentlichen Rundfunkanstalten.

Stiftungen des öffentlichen Rechts schließlich sind durch staatlichen Hoheitsakt gegründete Organisationen zur Erfüllung öffentlicher Aufgaben mit Hilfe von Vermögenswerten, die ihnen von einem Stifter übergeben worden sind. Im Unterschied zu Körperschaften, die durch ihre mitgliedschaftliche Struktur geprägt werden, und zu Anstalten, die Benutzer haben, sind Stiftungen durch ihr Vermögen charakterisiert. Mehr oder weniger bekanntes Beispiel ist die Stiftung Preußischer Kulturbesitz, die die ehemals preußischen Kulturgüter wie Gebäude, Kunstsammlungen und Bibliotheken verwaltet.

Leitsatz 3

!

Mittelbare Staatsverwaltung
Die mittelbare Staatsverwaltung erfolgt durch Körperschaften, Anstalten und Stiftungen des öffentlichen Rechts:

1. **Körperschaften**: aus Mitgliedern bestehende Personenvereinigungen, die öffentlichen Zwecken dienen, z.B. Gemeinde, Rechtsanwaltskammer, Universität

2. **Anstalten**: mit Personal und Sachmitteln ausgestattete Organisationen zur Erfüllung eines öffentlichen Zwecks für Benutzer, z.B. Rundfunkanstalten

3. **Stiftungen**: rechtlich verselbstständigte Vermögen zur Förderung eines öffentlichen Zwecks, z.B. Stiftung Preußischer Kulturbesitz

Lektion 3: Gesetzmäßigkeit der Verwaltung

Die Bundesrepublik Deutschland ist ein Rechtsstaat, d.h. ein Staat, in dem die Ausübung der Staatsgewalt durch Recht und Gesetz geregelt und begrenzt wird. Die Staatstätigkeit, die sich mittlerweile nahezu auf alle Lebensbereiche ausdehnt, darf nicht etwa willkürlich geschehen, sondern muss sich an die von der Volksvertretung – dem Parlament – geschaffenen Regelungen halten. Die Einhaltung von Rechtsnormen ist die Voraussetzung dafür, dass die Rechtssicherheit und Gleichbehandlung der Bürger gewährleistet ist.

Auf diesem Rechtsstaatsprinzip basiert u.a. der Grundsatz der Gesetzmäßigkeit der Verwaltung, der in unserer Verfassung in Art. 20 III GG festgeschrieben ist: Danach ist die vollziehende Gewalt „an Gesetz und Recht gebunden". Der Grundsatz der Gesetzmäßigkeit der Verwaltung bindet die Verwaltung an die Vorgaben des parlamentarischen Gesetzgebers. Damit ist die Verwaltungstätigkeit zugleich der Kontrolle durch die Gerichte unterworfen, die das Handeln der Verwaltung auf die Einhaltung der Gesetze hin überprüfen können.

Das Prinzip der Gesetzmäßigkeit der Verwaltung umfasst dabei zwei Grundsätze: Zum einen darf sie keine Maßnahmen treffen, die gegen Rechtsvorschriften verstoßen (Vorrang des Gesetzes). Zum anderen darf sie grundsätzlich nur tätig werden, sofern ihr dies durch ein Gesetz gestattet ist (Vorbehalt des Gesetzes).

Leitsatz 4

Gesetzmäßigkeit der Verwaltung
Das Prinzip der Gesetzmäßigkeit der Verwaltung ergibt sich aus Art. 20 III GG: Danach ist die Verwaltung als Teil der vollziehenden Gewalt „an Gesetz und Recht gebunden".
Konkretisiert wird das Prinzip der Gesetzmäßigkeit der Verwaltung durch zwei Grundsätze:

1. **Vorrang des Gesetzes**: Die Verwaltungstätigkeit darf nicht gegen Rechtsnormen verstoßen („kein Handeln gegen das Gesetz")

2. **Vorbehalt des Gesetzes**: Eine Maßnahme der Verwaltung ist grundsätzlich nur rechtmäßig, wenn das Handeln in einer Rechtsnorm gestattet ist („kein Handeln ohne Gesetz")

Vorrang des Gesetzes

 Fall 7

Das Amt für Ausbildungsförderung in Z hielt die in § 13 BAföG – Sartorius Nr. 420 – festgelegten Sätze für die Ausbildungsförderung von Studierenden schon immer für zu niedrig angesetzt. Es gewährt den bedürftigen Studenten der örtlichen Universität daher jeweils das Dreifache des Satzes. Darf es das?

Der Grundsatz des Gesetzesvorrangs bringt die Bindung der Verwaltung an die bestehenden Gesetze zum Ausdruck. Die Verwaltungsbehörden müssen den Gesetzen entsprechend handeln, d.h. sie dürfen nicht gegen bestehende Rechtsvorschriften verstoßen. Der Begriff „Gesetze" umfasst dabei sowohl die Verfassung, die vom Parlament erlassenen Gesetze wie auch Rechtsverordnungen und Satzungen. An all diese Vorgaben muss sich die Verwaltung halten. Das Vorrangprinzip verpflichtet die Verwaltung also zu gesetzmäßigem Handeln („kein Handeln gegen das Gesetz").

Das Amt für Ausbildungsförderung in Z aus Fall 7 muss sich demnach an die Regelung in § 13 BAföG halten und darf die dort gesetzten Grenzen nicht überschreiten. Die Förderungsbescheide, die diesen Rahmen sprengen, sind rechtswidrig.

Zwischenfrage: Warum heißt der Grundsatz eigentlich „Vorrang des Gesetzes"?

Diese Wortschöpfung entnimmt man Art. 20 III GG: Danach nämlich sind, wie bereits erwähnt, die neben der Gesetzgebung stehenden Staatsgewalten – Vollziehung und Rechtsprechung – an das Gesetz gebunden. Beide müssen sich also an die von der Legislative geschaffenen Vorgaben halten.

Vorbehalt des Gesetzes

 Fall 8

Finanzamt F erfindet eine Tulpensteuer zur Auffüllung des Stadtsäckels. Blumenladeninhaberin I versteht die Welt nicht mehr, als sie einen Steuerbescheid in Höhe von 20.000 Euro erhält. Versteht I die Welt zu Recht nicht mehr?

Der Grundsatz des Vorbehalts des Gesetzes verlangt eine gesetzliche Grundlage für die Verwaltungstätigkeit. Die Verwaltung darf nur handeln, wenn ein Gesetz dies gestattet („kein Handeln ohne Gesetz").

Das Prinzip des Gesetzesvorbehalts ergibt sich insbesondere aus dem in Deutschland geltenden Demokratieprinzip: Das Parlament verfügt durch seine unmittelbare Volkswahl und sein transparentes Gesetzgebungsverfahren über eine besondere Legitimität, die grundlegenden Entscheidungen des Gemeinwesens zu treffen. Es schafft also verbindliche allgemeine Vorgaben für die Rechtsbeziehungen zwischen Staat und Bürger und gibt damit auch vor, wie sich die Verwaltung zu verhalten hat. Ist die Verwaltung nicht durch eine gesetzliche Regelung zum Handeln ermächtigt, so darf sie grundsätzlich nicht tätig werden.

Für die Erhebung einer speziellen Tulpensteuer findet sich im Gesetz keine Grundlage. Die Steuergesetze sehen eine solche nicht vor. Der Steuerbescheid des Finanzamts F aus **Fall 8** – so verständlich seine Motivation auch sein mag – verstößt damit gegen den Gesetzesvorbehalt; er ist rechtswidrig.

▇▇ Fall 9

Im Haushaltsplan des Bundeslandes B sind für Naturkatastrophen besondere Mittel ausgewiesen. Aufgrund einer Dürreperiode ist Landwirt L in heller Aufregung und nicht mehr in der Lage, sein Vieh zu ernähren. L beruhigt sich erst, als die zuständige Behörde ihm Mittel zur Futterbeschaffung zuweist. Durfte sie das, obwohl die Mittel nur im Haushaltsplan ausgewiesen waren?

Greift der Grundsatz vom Vorbehalt des Gesetzes ein, so bedarf das Handeln der Exekutive einer Ermächtigungsgrundlage in Form einer Rechtsvorschrift – Gesetz, Rechtsverordnung oder Satzung. Fehlt es daran, ist das Handeln der Verwaltung rechtswidrig.

Der Grundsatz des Vorbehalts des Gesetzes gilt jedoch nicht uneingeschränkt für jede Art von Verwaltungstätigkeit. Anerkannt ist, dass er für **Belastungen** des Bürgers gilt; Eingriffe in dessen Rechte bedürfen einer rechtlichen Grundlage. Anders verhält es sich allerdings im Bereich der **Leistungs**verwaltung: Etwa für eine Subventionsgewährung genügt es, wenn die Mittel im Haushaltsplan (der keine gesetzliche Regelung darstellt) zur Verfügung gestellt werden. Das eben angesprochene Demokratieprinzip ist ausreichend berücksichtigt, da das Parlament selbst über den Haushaltsplan die grundsätzliche Entscheidung hinsichtlich der Subventionierung eines bestimmten Bereichs getroffen hat.

Im Beispielsfall 9 durfte die Behörde dem L demnach allein auf Grundlage des Haushaltsplans Mittel zur Futterbeschaffung gewähren.

Merken Sie sich also: Der Gesetzesvorbehalt gilt stets bei Verwaltungshandeln, das in die Rechte von Bürgern eingreift. Im Bereich der Leistungsverwaltung hingegen kann die Verwaltung gegebenenfalls auch ohne gesetzliche Grundlage handeln.

II.   Der Verwaltungsakt

Lektion 4: Die Handlungsformen der Verwaltung

Zur Erfüllung ihrer Aufgaben stehen der öffentlichen Verwaltung verschiedene Handlungsformen zur Verfügung. Dies sind der Verwaltungsakt, der öffentlich-rechtliche Vertrag, die Rechtsverordnung, Satzung, Verwaltungsvorschriften, Realakte sowie das privatrechtliche Handeln.

Verwaltungsakt

▰▰▰ Fall 10

A, der zum Griff zur Flasche neigt, betreibt eine Kneipe. Die entsprechende Gaststättenerlaubnis hatte er zu noch „trockenen" Zeiten erhalten. Muss die zuständige Behörde hier eingreifen?

Werfen Sie einen Blick in § 15 II GastG (Sartorius Nr. 810): Danach muss die Behörde bei nachträglichem Eintreten von Tatsachen im Sinne des § 4 I Nr. 1 GastG eine erteilte Gaststättenerlaubnis widerrufen. § 4 I Nr. 1 GastG spricht von Tatsachen, die eine Unzuverlässigkeit des Gewerbetreibenden begründen. A ist, da im Sinne von § 4 I Nr. 1 mittlerweile „dem Trunke ergeben", als unzuverlässig anzusehen. Die Behörde muss folglich die dem A erteilte Gaststättenerlaubnis gemäß § 15 II GastG widerrufen.

Was ist damit geschehen?

Mit dem Widerruf der Gaststättenerlaubnis hat die zuständige Behörde die Bestimmungen des GastG für den Einzelfall umgesetzt. Genau zu diesem Zweck steht der Behörde die Handlungsform des Verwaltungsakts zur Verfügung: Da Gesetze in aller Regel abstrakt formuliert sind, bedürfen sie einer Umsetzung auf einen konkreten Fall und eine bestimmte Person. Diese Funktion macht den Verwaltungsakt zur typischen Handlungsform der Verwaltung: Durch ihn kann sie ihre grundlegende Aufgabe erfüllen, nämlich die allgemein gehaltenen Rechtsvorschriften gegenüber dem Bürger verbindlich umzusetzen.

Der Verwaltungsakt ist damit die in der Praxis häufigste Form des Verwaltungshandelns. Auch Sie werden im Laufe Ihres Lebens nicht an ihm vorbeikommen: Immatrikulation, Beamtenernennung, Verkehrszeichen,

Baugenehmigung, Steuerbescheid – diese Fälle bilden nur eine kleine Auswahl aus der Vielzahl behördlicher Maßnahmen, die als Verwaltungsakt anzusehen sind. Wann genau ein Verwaltungsakt vorliegt, bestimmt § 35 S.1 VwVfG. Mit dieser zentralen Vorschrift werden wir uns in der nächsten Lektion intensiv beschäftigen.

An dieser Stelle noch eine kleine Zusammenfassung des Falls 10: Die Behörde musste die Gaststättenerlaubnis des alkoholsüchtigen Wirts A gemäß §§ 15 II, 4 I Nr.1 GastG widerrufen. Diese Maßnahme, mit der sie die allgemein gefassten Regelungen des Gaststättengesetzes für den Einzelfall umsetzte, stellt einen Verwaltungsakt dar.

Öffentlich-rechtlicher Vertrag

▆▆ Fall 11

A ist inzwischen von seiner Alkoholsucht genesen und will in der Gemeinde G ein neues Lokal mit dem klangvollen Namen „Athener Stübchen" erbauen. Er beantragt eine Baugenehmigung. Der Bauaufsichtsbehörde ist bekannt, dass in G eine Vielzahl von Griechisch-Gourmets haust. Zur Vermeidung von Parkraumnot will sie daher sicherstellen, dass genügend Stellplätze vor dem Restaurant errichtet werden. Wie können A und die Behörde hier übereinkommen?

Sehen Sie einmal in § 54 S.1 VwVfG: Auch „auf dem Gebiet des öffentlichen Rechts" können Verträge geschlossen werden. Wann aber ist die in einem Vertrag getroffene Regelung öffentlich-rechtlich? Die Rechtsnatur eines Vertrags bestimmt sich nach dem Vertragsgegenstand, d.h. den im Vertrag geregelten Rechten und Pflichten. Beziehen sich diese auf einen nach öffentlich-rechtlichen Vorschriften geregelten Lebenssachverhalt, liegt ein öffentlich-rechtlicher Vertrag vor.

Wie verhält es sich insoweit mit einer zwischen A und Behörde B möglichen Vereinbarung?

Sowohl die Erteilung einer Baugenehmigung wie auch die Pflicht zur Stellplatzerrichtung sind in öffentlich-rechtlichen Vorschriften geregelt, nämlich in der Landesbauordnung. A und die Bauaufsichtsbehörde könnten in Fall 11 folglich einen öffentlich-rechtlichen Vertrag miteinander abschließen, mit dem A sich gegen den Erhalt einer Baugenehmigung zur Errichtung von Stellplätzen vor dem Athener Stübchen verpflichtet.

Zwei Arten öffentlich-rechtlicher Verträge im Sinne der §§ 54 ff. VwVfG lassen sich unterscheiden: Koordinationsrechtliche Verträge sind Vereinbarungen zwischen gleichgeordneten Rechtsträgern, also insbesondere zwischen Hoheitsträgern (z.B. zweier Gemeinden über die gemeinsame Unterhaltung einer sie verbindenden Brücke). Subordinationsrechtliche Verträge sind solche zwischen Hoheitsträgern und Privaten, also Parteien, die sonst in einem Über/Unterordnungsverhältnis stehen.

Wozu gehört wohl die Abrede von A und B?

Klar: Zu letzteren. In den in diesen Fällen bestehenden Über-/Unterordnungsverhältnissen könnte die Behörde grundsätzlich auch durch Verwaltungsakt handeln, vgl. § 54 S.2 VwVfG. Anstatt eine vertragliche Vereinbarung mit A zu treffen, hätte die Bauaufsichtsbehörde demnach auch eine Baugenehmigung mit der Auflage, genügend Stellplätze zu errichten, erteilen können.

Fall 11 nochmals zur Wiederholung: Die Vereinbarung zwischen A und B über die Erteilung einer Baugenehmigung gegen die Errichtung von Stellplätzen ist ein öffentlich-rechtlicher Vertrag, da der Lebenssachverhalt in öffentlich-rechtlichen Vorschriften (Landesbauordnung) geregelt ist.

■■■■ Fall 12

Nachdem auch das Athener Stübchen bei der örtlichen Hellas-Fangemeinde nicht den erwarteten Anklang gefunden hat, besinnt sich A schließlich seines vor Jahren abgeschlossenen Jurastudiums. Und tatsächlich: Nur wenige Bewerbungen später erhält A einen verantwortungsvollen Posten als Beamter in der unteren Wasserbehörde. Behördenleiter L ist von den ungeahnten Qualitäten des A so begeistert, dass er mit ihm für gleichbleibend hohe Leistungen eine 100-prozentige Lohnerhöhung vereinbart. Auf die Frage des A, ob man die Abrede schriftlich niederlegen solle, reagiert L beinahe brüskiert: Man befinde sich doch unter Ehrenmännern. Handelt es sich bei der Vereinbarung um einen öffentlich-rechtlichen Vertrag? Überlegen Sie!

Ja. Vertragsgegenstand ist die Beamtenbesoldung, diese wiederum ist öffentlich-rechtlich im BBesG (Sartorius Nr. 230) geregelt.

Könnte man die Wirksamkeit der Vereinbarung anzweifeln?

Zur Frage der Wirksamkeit öffentlich-rechtlicher Verträge trifft § 59 VwVfG eine ausführliche Regelung. Während § 59 II VwVfG einige spezielle Nichtigkeitsgründe nennt, verweist die allgemeine Nichtigkeitsvorschrift des § 59 I VwVfG auf eine entsprechende Anwendung des BGB.

Welcher Vorschrift des BGB könnte es zuwiderlaufen, dass die Absprache zwischen A und L mündlich erfolgte?

Genau: § 125 BGB. Danach ist ein Vertrag nichtig, der der gesetzlich vorgesehenen Form entbehrt. § 57 VwVfG schreibt für öffentlich-rechtliche Verträge aber ausdrücklich die hier fehlende Schriftform vor.

Könnte die Abrede noch aus anderen Gründen nichtig sein?

Es könnte hier auch ein Verstoß gegen § 134 BGB vorliegen (kommentieren Sie sich, sofern nach Ihrer Prüfungsordnung erlaubt, diese Vorschrift neben § 59 I VwVfG!): Danach ist ein Rechtsgeschäft, das gegen ein gesetzliches Verbot verstößt, nichtig. Die entsprechende Anwendung des § 134 BGB über § 59 I VwVfG ist jedoch nicht ganz unproblematisch. Würde man bei jedem Gesetzesverstoß eine Nichtigkeit des öffentlich-rechtlichen Vertrags annehmen, so hätte dies zur Folge, dass alle rechtswidrigen öffentlich-rechtlichen Verträge gleichzeitig unwirksam wären. Dann aber wäre § 59 II VwVfG, der detaillierte Gründe für eine Nichtigkeit vorgibt, überflüssig. Nach herrschender Meinung führt daher nicht jede Rechtsverletzung zur Nichtigkeit des Vertrags, sondern nur ein qualifizierter Rechtsverstoß. Ein solcher liegt insbesondere dann vor, wenn eine Vorschrift ausdrücklich den mit dem Vertrag beabsichtigten rechtlichen oder wirtschaftlichen Erfolg verhindern will.

Mit diesem Fall haben wir es in Beispiel 12 zu tun: § 2 II 1 BBesG richtet sich gerade gegen ein Versprechen zusätzlicher Besoldung. Die Vereinbarung mit dem Behördenleiter ist daher auch gemäß § 59 I VwVfG i.V.m. § 134 BGB nichtig: A darf sich trotz herausragender Leistungen nicht über eine Lohnerhöhung freuen.

Leitsatz 5

!

Nichtigkeit öffentlich-rechtlicher Verträge

1. Die Nichtigkeit öffentlich-rechtlicher Verträge regelt § 59 VwVfG.

2. § 59 II Nr.1-4 VwVfG enthält einen detaillierten Katalog einzelner Nichtigkeitsgründe (spezielle Nichtigkeitsgründe).

3. § 59 I VwVfG verweist für die Nichtigkeit öffentlich-rechtlicher Verträge darüber hinaus auf die Vorschriften des BGB (allgemeine Nichtigkeitsgründe).

   a. Grundsätzlich kann sich aus allen im BGB genannten Unwirksamkeitsgründen eine Nichtigkeit des öffentlich-rechtlichen Vertrags ergeben (z.B. wegen fehlender Schriftform: § 125 BGB i.V.m. § 57 VwVfG).

   b. § 134 BGB (Nichtigkeit wegen Gesetzesverstoßes) ist jedoch nur eingeschränkt entsprechend anwendbar, da sonst alle wegen eines Gesetzesverstoßes rechtswidrigen öffentlich-rechtlichen Verträge nichtig wären und die Regelung in § 59 II VwVfG überflüssig würde. Eine Nichtigkeit aus § 59 I VwVfG i.V.m. § 34 BGB besteht daher nur bei qualifizierten Rechtsverstößen.

Rechtsverordnung

▬▬ Frage 13

Gewiss ist Ihnen bekannt, wo die allgemeinen Verhaltensanforderungen im Straßenverkehr geregelt sind: In der StVO. Wer aber hat hier eigentlich Recht gesetzt?

Richtig: Der Bundesverkehrsminister! Ein Verwaltungsorgan also, obwohl nach dem Gewaltenteilungsprinzip die Rechtsetzung doch Aufgabe der Legislative, d.h. der Parlamente ist!

Wie ist das möglich?

Die Legislative kann staatliche Rechtsetzungsgewalt auf die Exekutive delegieren, indem sie diese zum Erlass von Rechtsverordnungen ermächtigt. Im wesentlichen zwei Zwecke werden damit verfolgt: Zum einen sollen die Parlamente von kaum zu bewältigenden Detailregelungen entlastet, zum anderen eine flexiblere Anpassung des Rechts an veränderte Gegebenheiten ermöglicht werden.

Weil die Normsetzungsbefugnis wegen des Gewaltenteilungsprinzips jedoch grundsätzlich bei den Parlamenten liegt, verlangt Art. 80 GG für den Erlass von Rechtsverordnungen durch die Exekutive eine **gesetzliche Ermächtigungsgrundlage**: Die Entscheidung, wann die Verwaltung Recht setzen darf, verbleibt also letztlich bei den Parlamenten. In der gesetzlichen Ermächtigungsgrundlage sind dabei gemäß Art. 80 I 2 GG (bitte lesen!) Inhalt, Zweck und Ausmaß der Ermächtigung festzulegen. Hierdurch soll der Gesetzgeber veranlasst werden, die genauen Grenzen des der Verwaltung übertragenen Normsetzungsrechts zu überdenken.

Für die StVO findet sich eine solche Ermächtigungsgrundlage wo?

In § 6 StVG. Die Regelung entspricht in ihrer Ausführlichkeit den Anforderungen des Art. 80 I 2 GG in vorbildlicher Weise.

Fazit: Die Verwaltung kann also, sofern vom Gesetzgeber vorgesehen, auch in Form der Rechtsverordnung handeln. In **Beispiel 13** hat der Bundesverkehrsminister mit dem Erlass der StVO von einer solchen gesetzlichen Ermächtigung (§ 6 StVG) Gebrauch gemacht.

Satzung

■■■ Fall 14

Nach langen Überlegungen und hitzigen Debatten im Gemeinderat steht schließlich fest, wie die Grundstücke der Gemeinde baulich genutzt werden sollen. Die Gemeinde will endlich den lang ersehnten Bebauungsplan aufstellen. Welcher Handlungsform kann sie sich hierzu bedienen?

Die Antwort findet sich in § 10 I BauGB. Bebauungspläne sind von der Gemeinde als Satzung zu beschließen. Satzungen sind Rechtsnormen, die von **Selbstverwaltungskörperschaften** zur Regelung ihrer **eigenen** Angelegenheiten erlassen werden. Es kann also nicht etwa jede (dahergelaufene) Behörde eine Satzung erlassen, sondern allein diejenigen juristischen Personen des öffentlichen Rechts, denen ein Recht auf Selbstverwaltung zusteht.

Bedeutendster Bereich ist insofern die durch Art. 28 GG garantierte kommunale Selbstverwaltung durch Gemeinden und Kreise. Aber bspw. auch Universitäten, Industrie- und Handelskammern oder Rundfunkanstalten können im Rahmen der ihnen verliehenen Selbstverwaltungsautonomie Satzungen erlassen. Neben dem Bebauungsplan aus unserem Fall 14 sind wichtige gemeindliche Satzungen etwa die Anschluss- und Benutzungszwangssatzung z.B. für die örtliche Wasserversorgung sowie die Haushalts- oder Abgabensatzung.

Leitsatz 6

!

Rechtsnormenerlass durch die Verwaltung

1. Auch wenn die Normsetzungsbefugnis nach dem Gewaltenteilungsprinzip grundsätzlich der Legislative zusteht, kann auch die Verwaltung in bestimmten Fällen Recht setzen, also eine Vielzahl von Sachverhalten für eine Vielzahl von Personen regeln: Rechtsverordnungen und Satzungen sind, da sie derartige abstrakt-generelle Regelungen mit Außenwirkung enthalten, im materiellen Sinne als „Gesetze" anzusehen.
Davon zu unterscheiden sind die Gesetze im formellen Sinne: Hiermit sind nur die von den Parlamenten im von der Verfassung vorgesehenen Gesetzgebungsverfahren zustande gekommenen Rechtsnormen gemeint.

2. Sind die von der Verwaltung erlassenen Normen rechtswidrig (etwa weil es einer Rechtsverordnung an der Ermächtigungsgrundlage fehlt oder eine Satzung gegen höherrangiges Recht verstößt), so hat dies grundsätzlich ihre Nichtigkeit zur Folge. Sie entfalten dann keinerlei Rechtswirkung und müssen vom Bürger nicht beachtet werden.

Realakt

▀▀ Fall 15

Aus Sorge um die Jugend bezeichnet Gemeinderatsmitglied G die in seinem Städtchen neuerdings tätige „Susho"-Gruppierung in einem Radiointerview als „gemeingefährliche Sekte". Wie ist das Handeln des G rechtlich einzuordnen?

G ist hier in der Form des „Realakts" oder auch „schlichten Verwaltungshandelns" tätig geworden. Sein Handeln zielte darauf ab, Jugendliche vor einem Eintritt in die „Susho"-Gemeinschaft zu warnen: Realakte sind Handlungen von Hoheitsträgern, die auf einen tatsächlichen Erfolg gerichtet sind. Alle möglichen Verhaltensweisen der Verwaltung lassen sich hierzu zählen: von Berichten und Gutachten über die Erteilung von Schulunterricht oder die Fahrt mit dem Dienstwagen bis hin zum Bau von Verwaltungsgebäuden und öffentlichen Verkehrswegen. Dadurch, dass sie nicht auf einen rechtlichen Erfolg gerichtet sind, unterscheiden sich diese Handlungen von den Rechtsakten der Verwaltung (Verwaltungsakt, Verwaltungsvertrag, Rechtsverordnung und Satzung).

Ist ein Realakt rechtswidrig, kann dies zu Beseitigungs- oder Schadensersatzansprüchen führen: Nimmt bspw. Polizist P dem A rechtswidrig eine Sache weg, kann dieser sie herausverlangen. War die Warnung des G in Fall 15 nicht rechtens, kann die „Susho"-Anhängerschaft Widerruf bzw. Unterlassung fordern.

Verwaltungsvorschriften

▇▇ Fall 16

Bundesland H stellt in seinem Haushaltsplan Mittel zur Förderung der Entwicklung von Solarenergiezellen bereit. Es wird eine Subventionsrichtlinie ausgearbeitet, nach der die für die Mittelvergabe zuständige Behörde die Förderungsvoraussetzungen im Einzelnen feststellen soll. Die mit der Solarforschung beschäftigten Institute X, Y und Z erhalten Subventionen, Institut A (das die Richtlinienanforderungen auch erfüllt) hingegen nicht. Welche Rechtsnatur hat die Subventionsrichtlinie? Kann A einen Anspruch auf Förderung geltend machen?

Bei der Richtlinie zur Subventionsvergabe handelt es sich um eine sogenannte Verwaltungsvorschrift. Verwaltungsvorschriften sind von einer Behörde an eine nachgeordnete Behörde oder von einem Vorgesetzten an Untergebene gerichtete allgemeine Regelungen zur Verwaltungstätigkeit: Durch sie soll ein einheitliches Handeln der Verwaltung gewährleistet werden. An die sich aufgrund der Verwaltungsvorschriften bildende einheitliche Verwaltungspraxis ist die Verwaltung gemäß Art. 3 I GG gebunden (Selbstbindung der Verwaltung). Ohne sachlichen Grund darf sie nicht von ihr abweichen.

Forschungsinstitut A aus Fall 16 kann zwar nicht die Verletzung der lediglich verwaltungsintern wirkenden Subventionsrichtlinie geltend machen, wohl aber eine Verletzung von Art. 3 I GG: Unter dem Gesichtspunkt der Gleichbehandlung mit X, Y und Z steht A ein Förderungsanspruch gemäß Art. 3 I GG zu.

Leitsatz 7

!

Verwaltungsvorschriften

Verwaltungsvorschriften (in der Praxis oft als „Erlasse" oder „Richtlinien" bezeichnet) sind interne Regelungen zur Vereinheitlichung der Verwaltungtätigkeit. Drei Arten lassen sich unterscheiden:

1. **Norminterpretierende** Verwaltungsvorschriften sollen gewährleisten, dass eine Rechtsnorm von allen nachgeordneten Behörden einheitlich ausgelegt wird.

2. **Normkonkretisierende** Vorschriften sollen einen im Gesetz verwendeten unbestimmten Rechtsbegriff konkretisieren (z.B. bestimmt die umweltrechtliche TA Lärm näher, was eigentlich unter „schädlichen Umwelteinwirkungen" i.S.d. § 3 BImSchG zu verstehen ist).

3. **Ermessensrichtlinien** schließlich sollen bei Entscheidungen, die im Ermessen der Verwaltung stehen, eine einheitliche Ausübung desselben herbeiführen.

Merken Sie sich, dass die Verwaltung an die sich aufgrund der Verwaltungsvorschriften bildende einheitliche Praxis gem. Art. 3 I GG gebunden ist (Stichwort: Selbstbindung der Verwaltung).

Privatrechtliches Handeln der Verwaltung

Fall 17

Die Bürostühle der Ausländerbehörde in S sind nach jahrelanger schweißtreibender Arbeit völlig abgewetzt. Hochstimmung kommt daher unter den Mitarbeitern auf, als die neuen Modelle Marke „Rückenwohl" angeliefert werden. Wie ist die Behörde mit der Anschaffung der Stühle tätig geworden?

Die Ausländerbehörde hat hier mit dem Lieferanten der Bürostühle einen ganz gewöhnlichen Kaufvertrag gemäß den §§ 433 ff. BGB abgeschlossen. Sie hat ebenso wie eine Privatperson am allgemeinen Rechtsverkehr teilgenommen, nichts unterscheidet ihr Handeln von entsprechenden Geschäften eines Bürgers. Solche zur Bedarfsdeckung vorgenommenen Geschäfte nennen sich **privatrechtliche Hilfsgeschäfte** der Verwaltung. Merken Sie sich das Schlagwort „Staat als Kunde"!

■ Fall 18

Oberbürgermeister B geht ebenso gerne kurze Wege wie gut speisen. Auf seine Veranlassung hin verpachtet die Gemeinde die Kellerräume des Rathauses an den Inhaber eines gastronomischen Betriebs, der einen – nicht zuletzt wegen seines Stammkunden B – florierenden „Ratskeller" daraus macht. Worauf zielt die Verpachtung des Kellers ab?

Mit der Verpachtung der ansonsten leerstehenden Kellerräume des Rathauses sollen für den Kommunalhaushalt Gewinne erzielt werden: **Erwerbswirtschaftliche Betätigung** heißt es, wenn der Staat „als Unternehmer" auftritt. Eine solche Teilhabe des Staates am Wirtschaftsleben geschieht häufig noch in viel größerem Rahmen als in unserem **Fallbeispiel 18**, z.B.: Beteiligung des Landes Niedersachsen an VW, Betrieb staatlicher Bierbrauereien.

■ Fall 19

Die Stadt S betreibt eine „Straßenbahn Aktiengesellschaft", deren Anteile vollständig der Stadt gehören. Die AG gewährt den Schülern öffentlicher Schulen Tickets zum halben Preis, während von Schülern privater Schulen der Normaltarif verlangt wird. Im lokalen Revolverblatt erhebt Chefredakteur D, stolzer Vater dreier pubertierender Privatschüler, wutschäumend den Vorwurf, dass die Preispolitik der Straßenbahn AG gegen den Gleichheitssatz des Art. 3 I GG verstoße. Dies weist die Straßenbahn AG weit von sich: Als privatrechtlicher Rechtsträger könne sie die Beförderungsverträge nach eigenem Belieben gestalten, ohne dabei an die Grundrechte gebunden zu sein. Ist an dem Vorwurf dennoch etwas dran?

Die Stadt S hat sich hier zur Erfüllung einer öffentlichen Aufgabe (der Gewährleistung eines Personennahverkehrs) einer privaten Rechtsform bedient, indem sie die Straßenbahn AG gründete. Werden öffentliche

Aufgaben in privatrechtlicher Form erfüllt, spricht man von **Verwaltungsprivatrecht**.

Im Privatrecht gelten die Grundrechte grundsätzlich nicht, sondern gemäß Art. 1 III GG nur im Verhältnis zwischen Staat und Bürger. Hat die Straßenbahn AG als juristische Person des Privatrechts also die besseren Argumente auf ihrer Seite? Nein. Im Bereich des Verwaltungsprivatrechts ist nach h.M. nämlich insoweit eine Ausnahme zu machen: Der Staat soll sich, indem er sich zur Erfüllung öffentlicher Aufgaben privatrechtlicher Formen bedient, nicht seiner Grundrechtsbindung entziehen können („**keine Flucht ins Privatrecht**"). Für ihn gelten im Rahmen des Verwaltungsprivatrechts daher neben den privatrechtlichen Bestimmungen die Grundrechte, die öffentlich-rechtlichen Zuständigkeitsvorschriften und der Verhältnismäßigkeitsgrundsatz. Die Straßenbahn AG aus **Fall 19** ist unmittelbar an Art. 3 I GG gebunden und muss den Gleichheitssatz bei ihrer Tarifgestaltung beachten. Die Lokalpresse hat Recht.

Leitsatz 8

!

Grundrechtsbindung bei privatrechtl. Verwaltungshandeln

1. Tritt der Staat als „Kunde" (privatrechtliche Hilfsgeschäfte) oder als „Unternehmer" (erwerbswirtschaftliche Betätigung) auf, so ist er der Rechtsprechung zufolge nicht an die Grundrechte gebunden, da er bei diesen Geschäften nicht als Träger hoheitlicher Aufgaben und unter Einsatz hoheitlicher Mittel agiert.

2. Erfüllt der Staat dagegen öffentliche Aufgaben in privatrechlicher Form (Verwaltungsprivatrecht), soll er sich dabei seiner Grundrechtsbindung nicht entziehen können (keine Flucht ins Privatrecht). Er muss dabei also insbesondere den Gleichheitssatz des Art. 3 I GG beachten.

Wir können damit die Ergebnisse dieser Lektion in **Übersicht 3** zusammenfassen.

Übersicht 3: Handlungsformen der Verwaltung

Verwaltungsakt	„klassische" Handlungsform der Verwaltung zur Umsetzung des allgemeinen Rechts auf den Einzelfall
öffentlich-rechtlicher Vertrag	auf dem Gebiet des öffentlichen Rechts getroffene Vereinbarungen; geregelt in den §§ 54ff. VwVfG
Rechtsverordnung	aufgrund gesetzlicher Ermächtigung von Verwaltung erlassene Rechtsnorm
Satzung	Rechtsnorm, die von Selbstverwaltungskörperschaft zur Regelung ihrer eigenen Angelegenheiten erlassen wird
Realakt	auf tatsächlichen Erfolg gerichtete Handlungen
Verwaltungsvorschriften	von Behörde an nachgeordnete Behörde gerichtete allgemeine Regeln zur Vereinheitlichung der Verwaltungstätigkeit
privatrechtliches Handeln	privatrechtliche Hilfsgeschäfte („Staat als Kunde"), erwerbswirtschaftliche Betätigung („Staat als Unternehmer"), Verwaltungsprivatrecht („Staat als Erfüller öffentlicher Aufgaben")

Lektion 5: Begriff und Arten des Verwaltungsakts

Wie wir in der vorangegangenen Lektion schon gesehen haben, ist der Verwaltungsakt der „Klassiker" unter den verschiedenen Formen des Verwaltungshandelns. Mit ihm kann die Verwaltung als Exekutive ihrer vornehmsten Aufgabe nachkommen, nämlich die von der Legislative in abstrakter Form vorgegebenen Gesetze auf den Einzelfall umzusetzen.

Zentrale Vorschrift zur Beantwortung der Frage, wann ein Verwaltungshandeln einen Verwaltungsakt darstellt, ist § 35 S.1 VwVfG. Aus ihr lassen sich sechs Begriffsmerkmale herauslesen, die einen Verwaltungsakt ausmachen – dazu Übersicht 4.

Übersicht 4: Begriffsmerkmale des Verwaltungsakts gemäß § 35 S. 1 VwVfG

1. Hoheitliche Maßnahme

2. Behörde

3. Gebiet des öffentlichen Rechts

4. Regelung

5. Einzelfall

6. Außenwirkung

Es müssen also diese sechs Merkmale erfüllt sein, damit ein Verwaltungshandeln als Verwaltungsakt angesehen werden kann.

Beginnen wir mit dem ersten:

Hoheitliche Maßnahme

Fall 20

Verkehrspolizist P gebietet dem F per Handzeichen, sein Fahrzeug zum Stehen zu bringen. Ist das Handzeichen als Maßnahme anzusehen?

Eine **Maßnahme** ist jedes zweckgerichtete Verhalten mit Erklärungsgehalt. Für den Maßnahmebegriff ist es dabei völlig unerheblich, ob das Verhalten schriftlich, mündlich, konkludent (z.B. also per Handzeichen) oder auch per automatischer Einrichtung (Verkehrsampel) erfolgt.

Das Haltegebot des P in **Fall 20** stellt mithin eine Maßnahme dar. Es ist als Verwaltungsakt anzusehen.

▪ Fall 21

Erinnern Sie sich an Gaststättenbetreiber A aus der vorangegangenen Lektion? Die Bauaufsichtsbehörde wollte sicherstellen, dass vor dem geplanten Athener Stübchen genügend Stellplätze vorhanden sind. Hierzu konnte sie entweder eine Baugenehmigung mit der Auflage, Parkplätze zu errichten, erlassen oder aber einen Vertrag mit A abschließen, in dem sie sich zur Erteilung einer Baugenehmigung gegen Einrichtung der Stellplätze durch A verpflichtete. Welche der beiden Alternativen verdient wohl das Prädikat „hoheitlich"?

Hoheitlich ist eine Maßnahme dann, wenn sie aufgrund eines Über-/Unterordnungsverhältnisses, also einseitig durch einen staatlichen Rechtsträger vorgenommen wird.

In **Fall 21** ist allein der Erlass einer Baugenehmigung mit Auflage als hoheitliche Maßnahme und damit als Verwaltungsakt einzuordnen. Bei öffentlich-rechtlichen Verträgen hingegen begibt sich der Hoheitsträger auf eine Gleichordnungsebene zum Bürger, die Vereinbarungen werden einvernehmlich und damit gerade nicht einseitig getroffen. Schließt die Bauaufsichtsbehörde folglich mit A einen Vertrag über die Erteilung einer Baugenehmigung gegen die Errichtung von Stellplätzen ab, so handelt sie nicht hoheitlich und damit nicht in der Form des Verwaltungsakts. Das Begriffsmerkmal „hoheitliche Maßnahme" grenzt den Verwaltungsakt damit von der Handlungsform des öffentlich-rechtlichen Vertrags ab.

Behörde

▪ Fall 22

A hat seinen Kleinwagen tiefergelegt und mit den brandneuen 600-X-Breitreifen ausgestattet. Der Hauptuntersuchung beim TÜV sieht er daher nicht ganz grundlos mit Furcht entgegen. Er erhält jedoch die begehrte

Prüfplakette. Ist das Ausstellen der Plakette als behördliches Handeln anzusehen?

Wer als Behörde einzuordnen ist, bestimmt § 1 IV VwVfG: Eine Behörde ist danach jede Stelle, die Aufgaben der öffentlichen Verwaltung wahrnimmt. Die Behördeneigenschaft richtet sich dem VwVfG zufolge also nicht etwa nach dem Organisationsgefüge der Verwaltung, sondern danach, ob Verwaltungsaufgaben erfüllt werden. Das gilt zum einen natürlich für die Ihnen im Ohr bekannt klingenden Namen wie Ausländerbehörde, Gewerbeaufsichtsbehörde, Landesstraßenbehörde, Bundeskriminalamt etc. Aufgrund dessen, dass nach § 1 IV VwVfG jedoch allein die Funktion, Verwaltungsaufgaben wahrzunehmen, entscheidend ist, sind Behörden im Sinne dieses Gesetzes auch die sog. Beliehenen. Beliehene sind Privatpersonen oder juristische Personen des Privatrechts, die aufgrund gesetzlicher Regelung mit bestimmten hoheitlichen Kompetenzen ausgestattet sind. Sie erfüllen selbstständig und in eigenem Namen bestimmte Verwaltungstätigkeiten. Das trifft sowohl auf den Schornsteinfeger bei der Überprüfung von Schornsteinen wie auch auf den Jagdaufseher bei der Jagdschutzaufsicht in seinem Bezirk zu.

Auch in unserem Fall 22 hat der TÜV – eine juristische Person des Privatrechts – mit der Hauptuntersuchung Verwaltungsaufgaben wahrgenommen. Er ist damit als Behörde im Sinne des § 1 IV VwVfG tätig geworden, das Ausstellen der Prüfplakette stellt einen Verwaltungsakt dar.

▬▬ Fall 23

B haust in einer Souterrainwohnung. Schon lange ärgert ihn, dass die vor dem Haus geparkten Autos die Sicht auf die gegenüberliegende Ladenzeile samt der von ihm ebenso heiß wie heimlich verehrten Schuhverkäuferin versperren. Eines Tages entschließt sich B kurzerhand, dem unhaltbaren Zustand ein Ende zu bereiten und stellt ein „Absolutes Halteverbot!"-Schild vor seinem Haus auf. Ist in dem Schild ein Verwaltungsakt zu sehen?

Nein. Ergreifen Privatpersonen hoheitliche Maßnahmen, so machen sie sich höchstens der Amtsanmaßung verdächtig. Ein behördliches Handeln und damit ggf. einen Verwaltungsakt stellt ihr Verhalten dagegen nicht dar. Das gilt für die Anordnungen des „Hauptmanns von Köpenick" gleichermaßen wie für das Aufstellen eines Halteverbotsschilds durch B.

Ebenso verhält es sich grundsätzlich mit Akten der gesetzgebenden und rechtsprechenden Gewalt: Auch sie sind keine behördlichen Tätigkeiten und damit nicht als Verwaltungsakte einzustufen.

Fazit: Das Merkmal „Behörde" grenzt den Verwaltungsakt von Handlungen privater Personen wie auch solcher der Legislative und Judikative ab.

Gebiet des öffentlichen Rechts

Wie öffentliches und privates Recht voneinander zu unterscheiden sind, haben Sie gleich zu Beginn des Buchs gelernt. Dass die Verwaltung auch privatrechtlich handeln kann, war Gegenstand der letzten Lektion. Verwaltungsakte können nur solche Maßnahmen sein, die auf dem Gebiet des öffentlichen Rechts ergehen. Privatrechtliches Handeln der Verwaltung kann daher keinen Verwaltungsakt darstellen. Dazu eine kleine Wiederholungsfrage: Welche drei Formen privatrechtlichen Verwaltungshandelns lassen sich nochmal unterscheiden?

Richtig: privatrechtliche Hilfsgeschäfte („Staat als Kunde"), erwerbswirtschaftliche Betätigung („Staat als Unternehmer"), Verwaltungsprivatrecht („Staat als Erfüller öffentlicher Aufgaben").

Können Sie sich vielleicht sogar noch einiger Beispiele für die jeweiligen Formen privatrechtlichen Verwaltungshandelns entsinnen?

Hier noch einmal deren drei:

1. privatrechtliche Hilfsgeschäfte: z.B. Kauf von Büromaterial

2. erwerbswirtschaftliche Betätigung: bspw. Betrieb einer staatlichen Bierbrauerei

3. Verwaltungsprivatrecht: z.B. Betrieb einer Straßenbahn AG zur Wahrnehmung des öffentlichen Personennahverkehrs

Regelung

▰ Fall 24

A ergötzt sich gerade an seinem soeben erbauten Wochenendhäuschen im Außenbereich der Gemeinde Seiersleben, als Sachbearbeiter S von der örtlichen Bauaufsichtsbehörde auf einer Wanderung des Weges kommt. Über das neue Gemäuer erstaunt, nimmt S Einsicht in seine Unterlagen und stellt dabei fest, dass das Häuschen ohne Baugenehmigung und entgegen den bauplanungsrechtlichen Vorschriften errichtet wurde. Kurze Zeit später hält A eine Abrissverfügung für sein Häuschen in den Händen. Auf was für eine Art von Erfolg ist die Abrissverfügung gerichtet?

Im Hinblick auf die Zielrichtung einer Maßnahme lassen sich zwei Fälle unterscheiden: Entweder ist mit ihr ein tatsächlicher oder aber ein rechtlicher Erfolg bezweckt. Eine Regelung enthalten nur solche Maßnahmen, die auf die Herbeiführung einer Rechtsfolge (d.h. die Begründung, Änderung, Aufhebung oder Feststellung von Rechten und Pflichten) gerichtet sind. Nur Maßnahmen mit einem derartigen Regelungscharakter haben Verwaltungsaktsqualität.

Die Abrissverfügung aus Beispielsfall 24 ist auf die Setzung eines rechtlichen Erfolgs gerichtet, nämlich auf die Begründung der Rechtspflicht, das Wochenendhäuschen abzureißen. Sie enthält damit eine Regelung und ist folglich als Verwaltungsakt anzusehen.

Verwaltungsakte können auf sieben verschiedene Arten von Rechtsfolgen gerichtet sein; Übersicht 5 fasst diese zusammen.

▰ Übersicht 5: Arten von Rechtsfolgen	
Verbot:	verbietet ein bestimmtes Verhalten – z.B. Gewerbeuntersagung, Versammlungsverbot
Gebot:	gebietet ein bestimmtes Verhalten – z.B. Abrissverfügung, Ausweisungsverfügung

Rechtsgestaltung:	Neugestaltung eines Rechtsverhältnisses, insbesondere durch Aufhebung einer Erlaubnis – z.B. Widerruf einer Gaststättengenehmigung
Feststellung:	Feststellung einer streitigen Rechtslage – z.B. Anerkennung als Asylberechtigter
Rechtsgewährung:	Einräumung einer Erlaubnis oder Leistung – z.B. Gaststättenerlaubnis, Subventionsbewilligung
Versagung:	Ablehnung einer beantragten Rechtsgewährung – z.B. Ablehnung eines Antrags auf Baugenehmigung
dingliche Regelung:	Regelung der öffentlich-rechtlichen Eigenschaft einer Sache – z.B. Widmung eines befahrbaren Pfades als Straße

■■■■ Fall 25

Bürgermeister B warnt – nachdem im örtlichen Supermarkt mehrmals Erdbeerjoghurts und Schokoladenbonbons vergiftet worden sind – auf dem Marktplatz vor dem Verzehr jeglicher Genussmittel. Was für eine Art von Erfolg soll diese Maßnahme bewirken?

Wie bereits erwähnt, lassen sich im Hinblick auf die Auswirkung von Maßnahmen zwei Arten unterscheiden: Sie können auf einen rechtlichen oder einen tatsächlichen Erfolg gerichtet sein. Sind sie auf eine Rechtsfolge gerichtet, enthalten sie eine Regelung und sind damit als Verwaltungsakte anzusehen. Sind die Maßnahmen dagegen ausschließlich auf einen tatsächlichen Erfolg gerichtet, sind sie als sog. schlichtes Verwaltungshandeln, als Realakte zu betrachten.

Die Warnung des B in Fall 25 bezweckt allein einen tatsächlichen Erfolg: Die Bürger der Gemeinde sollen von dem Verzehr möglicherweise vergifteter Lebensmittel abgehalten werden. Die Begründung einer Rechtspflicht, derartige Lebensmittel nicht zu sich nehmen zu dürfen, ist damit nicht verbunden. Die Maßnahme des B ist folglich lediglich auf einen tatsächlichen Erfolg gerichtet und damit Realakt.

Sie kennen die Realakte bereits aus der letzten Lektion; auf einen tatsächlichen Erfolg gerichtet sind neben den Warnungen beispielsweise noch sonstige Mitteilungen oder Auskünfte, die Auszahlung von Geld, Dienstfahrten, die Versorgung der Bevölkerung mit Wasser und Strom oder der Schulunterricht. Merken Sie sich hier vor allem Folgendes: Das Begriffsmerkmal „Regelung" (Rechtsfolge bezweckt) grenzt den Verwaltungsakt von den Realakten (tatsächlicher Erfolg bezweckt) ab.

In einigen Fällen ist die Abgrenzung, ob eine Maßnahme auf einen tatsächlichen oder einen rechtlichen Erfolg gerichtet ist, allerdings nicht ganz einfach vorzunehmen:

▬▬ Fall 26

Die stadtbekannten Krawallbrüder A, B und C sind auf dem Weg zur Großdemonstration gegen die Rentenkürzung, um die „alten Knacker mal ordentlich aufzumischen". Kurz vor Erreichen des Versammlungsorts werden sie von einem Einsatzwagen der Polizei aufgehalten, die bei ihnen eine Personendurchsuchung auf Waffen und sonstige gefährliche Gegenstände vornimmt. Ist die Personendurchsuchung auf einen tatsächlichen oder einen rechtlichen Erfolg gerichtet?

Insbesondere bei bestimmten Polizeimaßnahmen kann es fraglich sein, auf welche Art von Erfolg sie abzielen. Bei einigen ist es ganz eindeutig ein Rechtserfolg, so z.B. bei der Vorladung, die die Rechtspflicht begründet, auf der Polizeiwache zu erscheinen.

Andere polizeiliche Maßnahmen – wie die Durchsuchung aus unserem Fall 26 – scheinen dagegen in erster Linie auf einen tatsächlichen Erfolg gerichtet zu sein: Mit der Personendurchsuchung sollte schließlich festgestellt werden, ob A, B oder C Waffen oder ähnliche Gegenstände mit sich führten. Dennoch steht die Rechtsprechung auf dem Standpunkt, dass eine Personendurchsuchung eine Regelung enthalte: Sie beinhalte nämlich das konkludente Gebot, die Vornahme der Durchsuchung zu dulden. Sie sei damit auf eine Rechtsfolge gerichtet und aufgrund dessen auch als Verwaltungsakt einzuordnen. Dies nimmt die Rechtsprechung für alle ähnlich gelagerten Fälle an: Der Schlag mit dem Gummiknüppel während der Demonstration etwa enthalte das konkludente Gebot, diesen unmittelbaren Zwang zu dulden.

Resümee: Die Abgrenzung zwischen Verwaltungsakt und Realakt ist in der Regel unproblematisch. Schwierig werden kann es insbesondere in den Fällen polizeilicher Standardmaßnahmen und Vollstreckungsakte: Hier nimmt die Rechtsprechung, obwohl die Maßnahme äußerlich einen rein tatsächlichen Erfolg zu bezwecken scheint, ein konkludentes Duldungsgebot und damit das Vorliegen einer Regelung an.

■ Fall 27

I pflegt in Klein-Sarau den Sizilien-Fahrstil und versetzt den friedliebenden Ort dadurch schon seit längerem in Angst und Schrecken. Nachdem es bereits einige Male beinahe zu Unfällen gekommen ist und sich ältere Einwohner nicht länger aus dem Hause trauen, fordert die Fahrerlaubnisbehörde den I gemäß § 11 II der Fahrerlaubnisverordnung (FeV) auf, ein ärztliches Gutachten über seine Fahrtüchtigkeit beizubringen. Sie will darüber befinden, ob dem I gegebenenfalls gemäß § 46 I der Fahrerlaubnisverordnung die Fahrerlaubnis entzogen werden muss. Enthält diese Maßnahme eine Regelung?

Die Fahrerlaubnisverordnung werden Sie im Sartorius nicht finden, daher hier zunächst einmal der Wortlaut der genannten Vorschriften: In § 46 I FeV heißt es: „Erweist sich der Inhaber einer Fahrerlaubnis als ungeeignet zum Führen von Kraftfahrzeugen, hat ihm die Fahrerlaubnisbehörde die Fahrerlaubnis zu entziehen ...“ § 11 II FeV lautet: „Werden Tatsachen bekannt, die Bedenken gegen die körperliche oder geistige Eignung ... begründen, kann die Fahrerlaubnisbehörde zur Vorbereitung von Entscheidungen ... die Beibringung eines ärztlichen Gutachtens durch den Bewerber anordnen...“

Zur Fallfrage: Damit einer Maßnahme Regelungscharakter zukommt, muss sie auf die Herbeiführung einer Rechtsfolge gerichtet sein. Dies ist nicht der Fall bei lediglich der Vorbereitung einer abschließenden Entscheidung dienenden Maßnahmen. Solche Vorbereitungsakte enthalten keine endgültige Entscheidung und setzen noch keine Rechtsfolge.

In Fall 27 wird der Fahrerlaubnisinhaber I gerade nicht rechtlich verpflichtet, ein ärztliches Gutachten beizubringen. Die Aufforderung zur Beibringung des Gutachtens dient vielmehr nur dazu, die Frage zu klären, ob dem I die Fahrerlaubnis gemäß § 46 I FeV zu entziehen ist oder nicht. Sie bereitet die abschließende Entscheidung über die Entziehung der Fahrerlaubnis folglich nur vor. Bringt der I das Gutachten nicht bei, so kann dies lediglich als Indiz seiner Ungeeignetheit zum Führen eines Kraftfahrzeugs gewertet werden. Die Anordnung, das ärztliche Gutachten beizubringen, ist als **bloßer Vorbereitungsakt** mangels Regelung daher kein Verwaltungsakt. Ein Verwaltungsakt ist nur die abschließende Entscheidung über die Entziehung der Fahrerlaubnis selbst.

Das Merkmal „Regelung" spielt in Prüfungen nicht selten eine Rolle. Daher hier nochmal ein zusammenfassender Merksatz:

Leitsatz 9

!

Begriff der Regelung

Eine Regelung im Sinne von § 35 S.1 VwVfG enthält nur solche Maßnahmen, die auf die Herbeiführung einer **Rechts**folge gerichtet sind.

Die Regelung ist abzugrenzen vom:
– Realakt, der auf einen tatsächlichen Erfolg gerichtet ist
– Vorbereitungsakt, der eine endgültige Entscheidung erst vorbereitet und noch keine endgültige Rechtsfolge setzt.

Einzelfall

Nur wenn eine Maßnahme zur Regelung eines „Einzelfalls" ergeht, ist sie gemäß § 35 S.1 VwVfG als Verwaltungsakt anzusehen.

▬▬ Fall 28

A betreibt eine Spielhölle. Um eine Erlaubnis hierfür hat er sich nicht weiter gekümmert. Dennoch verwundert es ihn, als die zuständige Behörde gemäß § 15 II GewO – Sartorius Nr. 800 – die Schließung seines Betriebs verfügt. Liegt hier ein Einzelfall vor?

Der Normalfall eines „Einzelfalls" im Sinne des § 35 S.1 VwVfG ist derjenige der **konkret-individuellen** Regelung. „Konkret" ist eine Regelung, wenn sie einen bestimmten einzelnen Sachverhalt regelt. „Individuell" ist sie dann, wenn sie eine einzelne, bestimmte Person betrifft.

In unserem Beispielsfall 28 liegt eine solche Einzelfallregelung vor: Die Schließungsverfügung betrifft einen einzelnen Sachverhalt, nämlich den Betrieb eines Spielhallengewerbes. Es handelt sich demnach um eine konkrete Regelung. Auch ist sie nur an eine einzige bestimmte Person, nämlich den A gerichtet. Die Regelung ist also auch als individuell anzusehen. Die von der Behörde vorgenommene Maßnahme „Gewerbeuntersagung" regelt folglich einen Einzelfall. Sie ist als Verwaltungsakt zu qualifizieren.

■ Fall 29

Gemeinde A erlässt eine Satzung, nach der pro Wellensittich und Jahr 50 Euro Wellensittichsteuern abzuführen sind. Wie viele Sachverhalte regelt die Satzung und an wie viele Personen richtet sie sich?

Das Gegenstück zum Einzelfall bildet die abstrakt-generelle Regelung. „Abstrakt" ist eine Regelung, wenn sie sich auf eine unbestimmte Vielzahl von Sachverhalten bezieht. Als „generell" wird eine Regelung dann bezeichnet, wenn sie sich an eine unbestimmte Vielzahl von Personen wendet.

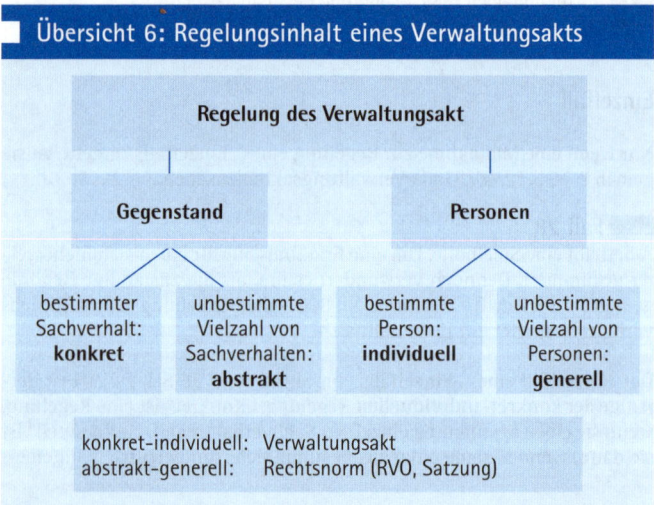

■ Übersicht 6: Regelungsinhalt eines Verwaltungsakts

Regelung des Verwaltungsakt

Gegenstand — **Personen**

bestimmter Sachverhalt: **konkret**

unbestimmte Vielzahl von Sachverhalten: **abstrakt**

bestimmte Person: **individuell**

unbestimmte Vielzahl von Personen: **generell**

konkret-individuell: Verwaltungsakt
abstrakt-generell: Rechtsnorm (RVO, Satzung)

Die Wellensittich-Satzung aus Fall 29 regelt eine unbestimmte Vielzahl von Sachverhalten, nämlich die Verpflichtung aller Wellensittich-Besitzer, die neu eingeführte Steuer abzuführen. Sie stellt sich folglich als abstrakte Regelung dar. Darüber hinaus richtet sie sich an alle Wellensittich-Besitzer der Gemeinde, mithin an eine unbestimmte Vielzahl von Personen (Stichwort: generell). Die Satzung ist demnach als abstrakt-generelle Regelung anzusehen. Neben den Satzungen gilt dies auch für die Rechtsverordnungen (erinnern Sie sich noch an diese aus der letzten Lektion?): Auch sie regeln eine unbestimmte Vielzahl von Sachverhalten für eine unbestimmte Vielzahl von Personen.

Abstrakt-generelle Regelungen bilden, wie bereits dargelegt, den Gegensatz zur Einzelfallregelung. Sie sind folglich keine Verwaltungsakte. Sie werden vielmehr als Rechtsnormen bezeichnet. Merken Sie sich also Folgendes: Das Merkmal „Einzelfall" grenzt den Verwaltungsakt von den von der Verwaltung erlassenen Rechtsnormen (Rechtsverordnung, Satzung) ab. Sie treffen im Gegensatz zum Verwaltungsakt abstrakt-generelle Regelungen.

Die insoweit relevanten Begriffe noch einmal überblicksweise in Übersicht 6.

Ein Spezialfall der Einzelfallregelung soll Ihnen zum Abschluss nicht vorenthalten werden:

■ Fall 30

Die „Petersbrücker Hooligans" wollen ihrem Unmut darüber Luft machen, dass die eigene Mannschaft den Bezirksliga-Abstiegskampf kaum erfolgreich überstehen dürfte. Aus Angst vor der Verwüstung des Sportplatzes informiert die Vereinsleitung die zuständige Behörde über die geplante Zusammenkunft. Diese erlässt wegen der zu befürchtenden Gefahr für die öffentliche Sicherheit gemäß § 15 II VersG ein Versammlungsverbot. Wie würden Sie die mit dem Versammlungsverbot getroffene Regelung im Hinblick auf die gerade kennengelernten Begriffspaare einordnen?

Einen Spezialfall des Verwaltungsakts regelt § 35 S.2 VwVfG: die sog. Allgemeinverfügung. Gemäß § 35 S.2 1. Alt VwVfG ist auch eine Maßnahme als Verwaltungsakt anzusehen, die sich „an einen nach allgemeinen Merkmalen bestimmten oder bestimmbaren Personenkreis richtet".

Gemeint sind also Maßnahmen, die einen bestimmten Sachverhalt (konkret), aber eine Vielzahl von Personen (generell) betreffen.

Eine solche konkret-generelle Regelung ist in dem Versammlungsverbot zu sehen: Sie betrifft einen bestimmten Sachverhalt (die geplante Versammlung auf dem Vereinssportplatz) und eine Vielzahl von Personen, nämlich die Mitglieder der „Petersbrücker Hooligans". Das Versammlungsverbot ist eine (adressatenbezogene) Allgemeinverfügung im Sinne von § 35 S.2 VwVfG und damit Verwaltungsakt. Auch das Handzeichen des Polizisten aus dem Eingangsfall dieser Lektion ist übrigens eine Allgemeinverfügung. Er regelt damit die konkrete Verkehrssituation für eine Vielzahl von Verkehrsteilnehmern.

Neben der adressatenbezogenen Allgemeinverfügung, die eine konkret-generelle Regelung enthält, gibt es noch zwei weitere Arten von Allgemeinverfügungen: Die sachbezogene Allgemeinverfügung und die benutzungsregelnde Allgemeinverfügung. Dazu die Übersicht 7:

Übersicht 7: Allgemeinverfügungen gemäß § 35 S.2 VwVfG	
1. personenbezogen	konkrete Regelung für generellen Adressatenkreis - z.B. Versammlungsverbot
2. sachbezogen	gebietet ein bestimmtes Verhalten - z.B. Abrissverfügung, Ausweisungsverfügung
3. benutzungsregelnd	Regelung der Benutzung einer Sache durch die Allgemeinheit - z.B. Halteverbotsschild

Außenwirkung

Gleich haben Sie es geschafft: Mit der Außenwirkung widmen wir uns jetzt dem letzten Merkmal eines Verwaltungsakts!

Fall 31

Beamter B kann seinen Nachbarn N nicht besonders gut riechen. Zu allem Überfluss plant dieser nunmehr auch noch den Bau einer Zusatzgarage für das gerade neu angeschaffte Maserati-Coupé. Umso mehr freut sich B ob seiner Sachbearbeiterposition in der Bauaufsichtsbehörde darauf, dem Bauantrag des N den Garaus zu machen. Behördenleiter A macht ihm jedoch einen Strich durch die Rechnung: Er weist B an, dem Bauantrag des N stattzugeben. In welchem Bereich wirkt sich die Weisung des A aus? Ist sie als Verwaltungsakt anzusehen?

Um als Verwaltungsakt eingeordnet werden zu können, muss einer Maßnahme Außenwirkung zukommen. Außenwirkung hat eine Maßnahme dann, wenn ihre Rechtsfolgen gegenüber einer **außerhalb der Verwaltung** stehenden natürlichen oder juristischen Person eintreten. Es scheiden damit solche Maßnahmen aus dem Verwaltungsaktsbegriff aus, deren unmittelbare Rechtswirkungen sich auf den Innenbereich der Verwaltung beschränken.

Lediglich verwaltungsinterne Regelungen sind zum einen die **innerdienstlichen Weisungen**, zum anderen die **Verwaltungsvorschriften**. Verwaltungsvorschriften – allgemeine Vorgaben für die Verwaltungstätigkeit – können sozusagen als vorformulierte innerdienstliche Weisungen betrachtet werden.

Die Weisung des A an seinen Untergebenen B aus **Fall 31**, dem Bauantrag des N zu entsprechen, entfaltet unmittelbare Rechtswirkungen nur innerhalb des verwaltungsinternen Bereichs. Ihr kommt daher keine Außenwirkung zu. Sie ist also kein Verwaltungsakt.

■■■ Fall 32

Beamter B wird nach Jahren aus seiner Sicht höchst verdienstvoller Tätigkeit wegen eines (ebenso aus seiner Sicht) geringfügigen Vergehens vorzeitig entlassen. Hat die Maßnahme „Entlassung" Außenwirkung?

In der Regel ist die Abgrenzung zwischen dem Verwaltungsakt als Maßnahme mit Außenwirkung und den verwaltungsinternen Regelungen nicht weiter problematisch. Dass etwa das Ergehen einer Abrissverfügung oder eines Versammlungsverbots unmittelbare Rechtswirkung gegenüber dem Bürger entfaltet, ist einleuchtend. Schwierigkeiten kann die Abgrenzung allerdings in den sogenannten Sonderstatusverhältnissen bereiten: In bestimmten Fällen stehen Personen in einer besonders engen Beziehung zum Staat: In diesen Sonderstatusverhältnissen befinden sich etwa Schüler, Strafgefangene oder Beamte. Im Hinblick darauf, wann eine ihnen gegenüber ergehende Maßnahme Außenwirkung entfaltet, muss differenziert werden: Ist die Maßnahme auf die Regelung persönlicher Rechte und Pflichten des Beamten oder Schülers gerichtet, so kommt ihr Außenwirkung zu. Betrifft sie etwa den Beamten dagegen nur in seiner Stellung als Amtsträger, fehlt es der Maßnahme an Außenwirkung.

Im Beispielsfall 32 ist B entlassen worden. Betroffen ist durch die Maßnahme Entlassung seine persönliche Rechtsstellung, ihr kommt folglich Außenwirkung zu. Anders ist es bei der Weisung aus dem vorhergehenden Fall, dem Bauantrag stattzugeben. Der dort angewiesene Beamte ist lediglich in seiner internen Stellung als Amtsträger berührt, die Weisung hat (wie schon erwähnt) keine Außenwirkung.

Puh, es ist vollbracht! Abschließend noch die kleine Übersicht 8 zu den einzelnen Merkmalen des Verwaltungsakts und den Handlungsformen, zu denen jeweils abzugrenzen ist:

Übersicht 8: Abgrenzung des Verwaltungsakts vom übrigen Verwaltungshandeln	
Verwaltungsakts-Merkmal	**Abgrenzung zu**
hoheitliche Maßnahme	öffentlich-rechtliche Verträge
Behörde	Handlungen privater Personen, Handlungen von Legislative und Judikative
Gebiet des öffentlichen Rechts	privatrechtliches Handeln: privatrechtliche Hilfsgeschäfte („Staat als Kunde"), erwerbswirtschaftliche Betätigung („Staat als Unternehmer"), Verwaltungsprivatrecht („Staat als Erfüller öffentlicher Aufgaben")
Regelung	Realakte
Einzelfall	Rechtsverordnung, Satzung
Außenwirkung	Verwaltungsvorschriften, interne Weisungen

Lektion 6: Wirksamkeit eines Verwaltungsakts

▮ Fall 33

Beamter B und sein Nachbar N sind bis aufs Blut verfeindet. Die Freude des B ist daher nicht gering, als auf seinem Schreibtisch eine für die marode Garage des N bestimmte Abrissverfügung landet. Noch am selben Abend sucht er dessen Stammkneipe auf und verkündet ihm freudig, dass „der Schandfleck unseres Viertels" nunmehr abgerissen werden müsse. Muss N seine Garage abreißen?

Voraussetzung dafür, dass ein Verwaltungsakt überhaupt vom Bürger befolgt werden muss, ist seine Wirksamkeit. Die Wirksamkeit eines Verwaltungsakts bestimmt sich nach § 43 VwVfG: Der Verwaltungsakt muss bekanntgegeben worden (Absatz 1 Satz 1) und darf nicht nichtig (Absatz 3) sein. Die Wirksamkeit des Verwaltungsakts endet mit seiner Erledigung (Abs. 2). Dazu die Übersicht 9:

▮ Übersicht 9: Wirksamkeit von Verwaltungsakten	
1. Beginn der Wirksamkeit:	Bekanntgabe des Verwaltungsakts, § 43 I VwVfG; kein Eintritt der Wirksamkeit jedoch bei Nichtigkeit gemäß § 43 III i.V.m. § 44 VwVfG
2. Ende der Wirksamkeit:	Erledigung, § 43 II VwVfG

Beginn der Wirksamkeit: Bekanntgabe, § 43 I VwVfG

Voraussetzung für die Wirksamkeit eines Verwaltungsakts ist gemäß § 43 I VwVfG, dass er demjenigen, für den er bestimmt ist oder der von ihm betroffen wird, bekanntgegeben wird. Die Bekanntgabe im Sinne des § 41 VwVfG ist dabei grundsätzlich formlos möglich (Ausnahme: spezielle Form gesetzlich vorgeschrieben); sie muss jedoch amtlich durch die zuständige Behörde erfolgen. Nicht ausreichend ist daher etwa die rein private Mitteilung eines Beamten.

Die Abrissverfügung ist dem N in Fall 33 demnach mit der Verkündigung durch B in der Kneipe nicht ordnungsgemäß bekanntgegeben worden; er muss seine Garage erst abreißen, wenn ihm der Verwaltungsakt von der Behörde ordnungsgemäß übersandt worden ist.

In aller Regel wird die Bekanntgabe aber ordnungsgemäß erfolgen. Der Verwaltungsakt wird dann wirksam. Eine Ausnahme hierzu bilden allein die Fälle der Nichtigkeit des Verwaltungsakts gemäß § 43 III VwVfG i.V.m. § 44 VwVfG:

Nichtigkeit gemäß § 44 VwVfG

■■■ Fall 34

Dem G ist eine behördliche Erlaubnis für den Betrieb einer Peep-Show erteilt worden. Ist der Verwaltungsakt nichtig? Wenn ja, weshalb?

Die Gründe, aufgrund derer ein Verwaltungsakt nichtig sein kann, sind in § 44 VwVfG abschließend aufgezählt. Bitte beachten Sie insoweit stets: Zwischen Rechtswidrigkeit und Nichtigkeit eines Verwaltungsakts ist strikt zu trennen. Die Rechtswidrigkeit eines Verwaltungsakts allein führt nicht zu dessen Nichtigkeit; vielmehr sind auch rechtswidrige Verwaltungsakte grundsätzlich wirksam und müssen vom Bürger befolgt werden, es sei denn, sie werden von Behörde oder Gericht aufgehoben. Ein nichtiger Verwaltungsakt hingegen entfaltet keinerlei Rechtswirkungen und braucht vom Bürger nicht beachtet zu werden.

§ 44 II VwVfG zählt eine Reihe von Fällen auf, in denen ein Verwaltungsakt zwingend nichtig ist: sog. absolute Nichtigkeitsgründe. Nach Nr.1 sind schriftliche oder elektronische Verwaltungsakte nichtig, die die erlassende Behörde nicht erkennen lassen. Grund für diese Regelung ist: Der Betroffene kann sich nicht gegen den Verwaltungsakt wehren, da er nicht weiß, woher er kommt. Ein Beispiel für § 44 II Nr.2 VwVfG ist die Beamtenernennung ohne Ernennungsurkunde (vgl. § 6 II 1 BBG, Sartorius Nr. 160). Nr.3 betrifft Mängel der örtlichen Zuständigkeit, Nr.4 Fälle der tatsächlichen Unmöglichkeit, Nr.5 ein Verlangen nach strafbarer Handlung und Nr.6 den Verstoß gegen die guten Sitten.

Letzterer käme im Fall 34 in Betracht. Ein Verstoß gegen die guten Sitten liegt vor, wenn das „Anstandsgefühl aller billig und gerecht Denkenden" verletzt wird. Gehören Sie zu diesem Personenkreis? Überwiegende Auffassung ist jedenfalls, dass der Betrieb einer Peep-Show gegen die guten Sitten verstößt. Die Erlaubnis ist demnach nichtig.

◼︎ Fall 35

Die achtzehnjährige Frau F erhält einen Einberufungsbescheid zum Wehrdienst. Wirksam?

Gemäß **§ 44 I VwVfG** ist ein Verwaltungsakt dann nichtig, wenn er an einem besonders schwerwiegenden, offensichtlichen Fehler leidet: sog. **relative Nichtigkeit**. Die Offensichtlichkeit des Fehlers ist zu bejahen, wenn dieser ohne juristische oder sonstige Fachkenntnisse ersichtlich ist: Dem Verwaltungsakt muss der Fehler sozusagen „auf der Stirn geschrieben stehen".

Der Einberufungsbescheid für Frau F aus **Fall 35** verstößt ganz offensichtlich gegen Art. 12a GG, dem zufolge ausschließlich Männer vom vollendeten achtzehnten Lebensjahr an zum Dienst in den Streitkräften verpflichtet werden können. Der Bescheid ist daher gemäß § 44 I VwVfG nichtig.

Zu den Nichtigkeitsgründen des § 44 VwVfG eine Zusammenfassung in **Übersicht 10.**

◻︎ Übersicht 10: Nichtigkeit gemäß § 44 VwVfG

1. **absolute Nichtigkeit** gemäß § 44 II VwVfG
   Nr.1: Fehlende Behördenerkennbarkeit bei schriftlich erlassenen VA
   Nr.2: Unterbleiben vorgeschriebener Urkundenaushändigung
   Nr.3: Mängel der örtlichen Zuständigkeit
   Nr.4: Tatsächliche Unmöglichkeit
   Nr.5: Verlangen strafbarer Handlung
   Nr.6: Verstoß gegen gute Sitten

2. **relative Nichtigkeit** gemäß § 44 I VwVfG
   Offenkundiger, besonders schwerwiegender Fehler

Ende der Wirksamkeit

◼︎ Fall 36

Ausländer A wird eine bis zum 1.1. befristete Aufenthaltserlaubnis erteilt. Nicht wirklich schwierige Frage: Bis wann ist die Aufenthaltserlaubnis wirksam?

Gemäß § 43 II VwVfG bleibt ein Verwaltungsakt solange wirksam, wie er nicht zurückgenommen, widerrufen, anderweitig aufgehoben, durch Zeitablauf oder auf andere Weise erledigt ist. Seine Wirksamkeit endet also mit seiner Erledigung. Diese kann gemäß § 43 II VwVfG eintreten durch

- Alt.1,2: Zurücknahme oder Widerruf, also Aufhebung durch die Behörde
- Alt.3: anderweitige Aufhebung, etwa in einem Widerspruchsverfahren
- Alt.4: Zeitablauf
- Alt.5: anderweitige Erledigung.

Im Beispielsfall 36 endet die Wirksamkeit der Aufenthaltsgenehmigung des A am 1.1. Dann hat sich der Verwaltungsakt durch Zeitablauf erledigt.

Sehen Sie sich noch einmal die Übersichten an! Zur Wirksamkeit von Verwaltungsakten sollte Ihnen im Gedächtnis bleiben, wann diese beginnt und endet. Darüber hinaus sollten Sie die Nichtigkeitsgründe des § 44 VwVfG im Überblick kennen.

Lektion 7: Rechtmäßigkeit von Verwaltungsakten

Fall 37

X betreibt ein Gewerbe, zahlt aber schon jahrelang keine Steuern mehr. Behörde B will eine Gewerbeuntersagung aussprechen. Was muss sie beachten, um diesen Verwaltungsakt rechtmäßigerweise zu erlassen?

Die Rechtsordnung stellt bestimmte Anforderungen an den Erlass eines Verwaltungsakts. Nur wenn er allen diesen Anforderungen entspricht, ist er rechtmäßig. Verstöße gegen die Rechtsordnung machen ihn dagegen fehlerhaft und damit rechtswidrig.

Für die Rechtmäßigkeit eines Verwaltungsakts ist dreierlei vonnöten. Erstens: Er muss grundsätzlich auf einer gesetzlichen Rechtsgrundlage beruhen. Zweitens: Er muss in formeller Hinsicht fehlerlos sein, d.h. es muss die zuständige Behörde tätig geworden sein; diese muss zudem sämtliche Verfahrens- und Formanforderungen beachtet haben. Drittens: Er muss den materiellen Anforderungen der Rechtsgrundlage genügen. Das bedeutet, dass deren Tatbestandsvoraussetzungen vorliegen müssen und die behördlich gewählte Rechtsfolge in der Rechtsgrundlage vorgesehen sein muss. Dazu die Übersicht 11:

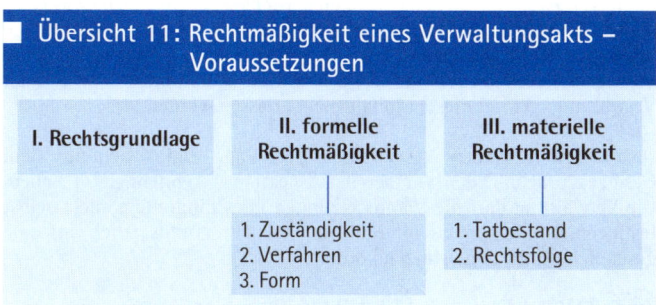

Übersicht 11: Rechtmäßigkeit eines Verwaltungsakts – Voraussetzungen

I. Rechtsgrundlage	II. formelle Rechtmäßigkeit	III. materielle Rechtmäßigkeit
	1. Zuständigkeit 2. Verfahren 3. Form	1. Tatbestand 2. Rechtsfolge

Prägen Sie sich diese Übersicht gut ein! Sie wird Ihnen im Bereich des Verwaltungsrechts immer wieder begegnen!

Im Ausgangsfall 37 benötigt die Behörde, um eine rechtmäßige Gewerbeuntersagung auszusprechen, also Folgendes: Zunächst eine gesetzliche

Grundlage, die sich in § 35 I 1 GewO (Sartorius Nr. 800) findet. Die Behörde muss weiterhin zuständige Gewerbeaufsichtsbehörde sein, den Gewerbetreibenden X vorher anhören (Verfahren) und etwaige Forman-forderungen beachten. Darüber hinaus müssen die Tatbestandsvorausset-zungen des § 35 I 1 GewO vorliegen: X muss also unzuverlässig sein. Dies ist hier aufgrund der Nichtabführung der Steuern gegeben. Schließlich muss die Rechtsfolge „Gewerbeuntersagung" in der Vorschrift vorgesehen sein. Auch dies ist der Fall. Liegen sämtliche genannten Voraussetzungen vor, kann die Behörde den Verwaltungsakt rechtmäßigerweise erlassen.

Sehen wir uns die einzelnen Rechtmäßigkeitsvoraussetzungen einmal genauer an:

Rechtsgrundlage

▇▇ Fall 38

Bundesbeamter B wird seinem Vorgesetzten V zu aufmüpfig. Dieser überlegt daher, ob er B auf eine andere Stelle versetzen könnte. Wonach muss er zuerst suchen?

Die Versetzung eines Beamten ist ein Verwaltungsakt. Für dessen Recht-mäßigkeit ist grundsätzlich eine Rechtsgrundlage erforderlich (Vorbehalt des Gesetzes). V muss sich also auf die Suche nach einer Rechtsgrundlage begeben, die die Versetzung eines Beamten gestattet. Findet sich keine Vorschrift, deren Rechtsfolge die beabsichtigte Handlung zulässt, darf ein Verwaltungsakt mit diesem Inhalt nicht erlassen werden.

Das Erfordernis einer gesetzlichen Grundlage ergibt sich aus dem Gesetzesvorbehalt, den wir bereits in Lektion 3 kennengelernt haben. Die Verwaltung darf die Voraussetzungen ihres Eingreifens nicht selbst festlegen, sondern muss ihr Handeln vielmehr grundsätzlich auf eine gesetzliche Grundlage stützen können.

Zu Fall 38: V wird in § 18 I 1 BRRG (Beamtenrechtsrahmengesetz – Sartorius Nr. 150) fündig. Dieser lautet: „Der Beamte kann ... versetzt werden, wenn ..." Die von V ins Auge gefasste Rechtsfolge ist in § 18 I 1 BRRG also enthalten, eine Rechtsgrundlage für die Versetzung eines Beamten damit vorhanden. Dass deren Voraussetzungen (dienstliches Bedürfnis) allein aufgrund des Revoluzzertums des B kaum gegeben sein werden, ist eine andere Frage.

◼◼ Fall 39

Die Versammlungsbehörde will wegen der Gefahr von Ausschreitungen den geplanten Aufmarsch von Rechtsextremisten in der Kölner Innenstadt verhindern. Auf welcher Rechtsgrundlage kann sie dies tun? Überlegen Sie erst einmal selbst!

Vorüberlegung der Verwaltung beim Erlass eines Verwaltungsakts muss – wie wir gesehen haben – stets sein, auf welche Rechtsfolge dieser gerichtet sein soll: Welcher rechtliche Erfolg soll herbeigeführt werden?

Ist sich die Verwaltung hierüber klar geworden, kann sie die Suche nach einer Rechtsgrundlage beginnen: Welche gesetzliche Vorschrift sieht die gewünschte Regelung vor?

Im Beispielsfall 39 möchte die Behörde eine Versammlung verbieten. Sie wird also zunächst einmal das nächstliegende Gesetz durchsehen, das Versammlungsgesetz (Sartorius Nr. 435). Und siehe da, bereits dort wird sie auch fündig: Gemäß § 15 I VersG kann die zuständige Behörde „die Versammlung ... verbieten ..., wenn ...". Eine Rechtsgrundlage ist damit gefunden. Bei § 15 I VersG handelt es sich um eine sogenannte gefahrenabwehrrechtliche Eingriffsgrundlage. Die Vorschrift will eine Gefährdung der öffentlichen Sicherheit (etwa durch Ausschreitungen) verhindern. Bei behördlichen Eingriffen durch Verwaltungsakte dreht es sich ganz häufig um Gefahrenabwehr. Hierzu lassen sich sowohl in Bundesgesetzen (GewO, GastG, BImSchG, StVO etc.) wie auch in den Polizeigesetzen der Länder etliche Rechtsgrundlagen finden.

Formelle Rechtmäßigkeit

In formeller Hinsicht ist ein Verwaltungsakt rechtmäßig, wenn er unter Beachtung von Zuständigkeits-, Verfahrens- und Formvorschriften erlassen worden ist.

Zuständigkeit

◼◼ Fall 40

Dem Ausländer A soll eine Aufenthaltserlaubnis erteilt werden. Welche Behörde ist dafür gemäß § 71 I 1 AufenthG (Sartorius Nr. 565) zuständig?

Ein Verwaltungsakt muss von der jeweils zuständigen Behörde erlassen worden sein, ansonsten ist er rechtswidrig. Fehler können insofern in sachlicher oder örtlicher Hinsicht auftreten.

Die sachliche Zuständigkeit besteht, wenn die geregelte Angelegenheit zu den der Behörde zugewiesenen Aufgaben gehört; sie betrifft also den gegenständlichen Aufgabenbereich einer Behörde. So werden etwa Straßenverkehrsangelegenheiten gemäß § 44 I 1 StVO von den Straßenverkehrsbehörden wahrgenommen. Die örtliche Zuständigkeit betrifft die Frage nach dem räumlichen Tätigkeitsbereich einer Behörde. Ist in Spezialvorschriften keine Regelung enthalten, richtet sich die örtliche Zuständigkeit nach § 3 VwVfG.

Zu Fall 40: Für die Erteilung eines Aufenthaltstitels ist gemäß § 71 I AufenthG die „Ausländerbehörde" zuständig. Bei diesem Begriff handelt es sich lediglich um eine Funktionsbezeichnung. Welche Behörde sich tatsächlich dahinter verbirgt, ergibt sich erst aus dem jeweiligen Landesrecht. Das AufenthG wird gemäß Art. 83 GG von den Ländern als eigene Angelegenheit ausgeführt. Sie regeln daher durch eigene Zuständigkeitsvorschriften, welche Behörde diese Aufgabe gegenständlich und örtlich wahrnimmt.

Verfahren

▆▆▆ Fall 41

B hat geerbt und will eine Villa am Starnberger See errichten. Aufgrund seines Postens als Sachbearbeiter der dortigen Bauaufsichtsbehörde würde der eigene Baugenehmigungsantrag auf seinem Schreibtisch landen. Kann B über den eigenen Antrag entscheiden?

Die formelle Rechtmäßigkeit des Verwaltungsakts setzt weiterhin voraus, dass das für dessen Erlass vorgesehene Verfahren eingehalten wurde. Einer ausführlicheren Darstellung des Verwaltungsverfahrens ist Lektion 9 gewidmet.

Im Regelfall gilt dabei gemäß § 10 VwVfG der Grundsatz der Nichtförmlichkeit des Verwaltungsverfahrens: Die Behörde kann das Verfahren so gestalten, wie sie es für zweckmäßig hält. Trotz dieses Grundsatzes enthält die Rechtsordnung einige verfahrensrechtliche Vorgaben, die von behördlicher Seite zu beachten sind. Zu ihnen gehört beispielsweise § 20

VwVfG, der die Ausschließung von Personen behandelt: § 20 VwVfG zufolge dürfen bestimmte Personen in einem Verwaltungsverfahren nicht für die Behörde tätig werden. Auf Behördenseite mitwirken darf danach insbesondere nicht, wer selbst Beteiligter, Angehöriger oder Arbeitnehmer eines Beteiligten ist. Die Vorschrift soll – ganz klar – Interessenkonflikten vorbeugen.

Als Bauantragssteller ist B in Fall 41 gemäß § 13 I Nr. 1 VwVfG Beteiligter des Baugenehmigungsverfahrens. Über seinen Bauantrag darf er gemäß § 20 I 1 Nr. 1 VwVfG nicht selbst entscheiden, vielmehr muss er sich jeder Einflussnahme auf das Verfahren enthalten. Tut er dies nicht, ist eine später erlassene Baugenehmigung formell rechtswidrig.

■■ Fall 42

Der Gemeinde G ist das exzentrische Haus des Künstlers K ein Dorn im Auge. Vor allem aber ist dessen Standsicherheit nicht länger gewährleistet, seit K mehrere tragende Grundmauern entfernen ließ. Die Gemeinde will daher den Abbruch des Gebäudes verfügen. Was muss sie zuvor tun?

Eine bedeutende Verfahrensvorgabe, die die Behörden bei Erlass belastender Verwaltungsakte zu beachten haben, ist die Anhörung Beteiligter gemäß § 28 I VwVfG. Der Vorschrift zufolge muss den Beteiligten, in deren Rechte der Verwaltungsakt eingreifen wird, vorab Gelegenheit zur Äußerung gegeben werden. Erst danach darf der Verwaltungsakt erlassen werden. Von dieser Verfahrensanforderung kann nur ausnahmsweise abgesehen werden (vgl. § 28 II VwVfG).

Zu Fall 42: Grundsätzlich muss Gemeinde G, bevor sie eine Abrissverfügung erlässt, den K demnach gemäß § 28 I VwVfG anhören. Davon könnte sie ausnahmsweise gemäß § 28 II Nr. 1 VwVfG absehen, wenn bereits Personen- oder Sachschäden durch die fehlende Standsicherheit des Gebäudes drohen.

Form

■■ Fall 43

Verkehrspolizist P bringt den Wagen des F per Handzeichen zum Stehen. Hat P die an die Form eines Verwaltungsakts zu stellenden Anforderungen beachtet?

Hinsichtlich der Form eines Verwaltungsakts enthält § 37 II 1 VwVfG eine grundlegende Regelung: Danach kann ein Verwaltungsakt schriftlich, elektronisch, mündlich oder in anderer Weise erlassen werden. Es gilt also der Grundsatz der Formfreiheit, d.h. der Erlass von Verwaltungsakten ist prinzipiell nicht an eine bestimmte Form gebunden.

Bei dem Handzeichen des P aus Fall 43 handelt es sich um einen Verwaltungsakt, da es eine Einzelfallregelung mit Außenwirkung im Sinne des § 35 S.1 VwVfG darstellt. Wegen des Grundsatzes der Formfreiheit konnte P das Haltegebot an F per Handzeichen erlassen.

■ Fall 44

Ausländer A erhält eine schriftlich abgefasste Ausweisungsverfügung ohne jegliche Begründung. Ist die Ausweisungsverfügung formgemäß ergangen?

Zwar gilt für Verwaltungsakte grundsätzlich das Prinzip der Formfreiheit. Doch bestehen teilweise Vorschriften, die eine bestimmte Form für den Erlass eines Verwaltungsakts zwingend vorschreiben. So darf gemäß § 6 BBG (Bundesbeamtengesetz – Sartorius Nr. 160) eine Beamtenernennung nur durch Aushändigung einer Urkunde bestimmten Inhalts erfolgen.

Schriftlich ergangene Verwaltungsakte bedürfen gemäß § 39 I VwVfG generell einer Begründung. Damit sollen dem Bürger Inhalt und Gründe der Entscheidung erläutert sowie die Möglichkeit zu deren Überprüfung gegeben werden. Bestehen derartige Formanforderungen, so müssen sie auch beachtet werden; ansonsten ist der erlassene Verwaltungsakt formell rechtswidrig.

Gemäß § 77 I 1 AufenthG – Sartorius Nr. 565 – ist eine Ausweisungsverfügung schriftlich zu verfassen. Dies ist im Beispielsfall 44 geschehen. Doch fehlt es an der gemäß § 39 I VwVfG nötigen Begründung der Verfügung. Sie ist daher formell fehlerhaft.

Folgen formeller Fehler

■ Fall 45

Behörde B hat die Gaststättenerlaubnis des A widerrufen, ohne ihn zuvor anzuhören. Sie befürchtet nunmehr, dass der Verwaltungsakt rechtswidrig sein könnte, und fragt sich, ob sie die Anhörung auch nachträglich noch vornehmen könnte. Wissen Sie die Antwort?

Folge eines formellen Fehlers ist **grundsätzlich** die **Rechtswidrigkeit** des Verwaltungsakts. Für einige formelle Fehler soll dies nach dem Willen des Gesetzgebers jedoch nicht gelten. So können bestimmte Verfahrens- und Formfehler gemäß § 45 VwVfG geheilt werden. Zudem können formelle Fehler gemäß § 46 VwVfG unbeachtlich sein.

Eine **Heilung** von Verfahrens- bzw. Formfehlern kommt nach § 45 VwVfG in Betracht, wenn die fehlenden Handlungen nachgeholt werden. Aus dem bis dahin rechtswidrigen Verwaltungsakt wird dann ein rechtmäßiger. Praktisch bedeutsam ist insofern vor allem die Möglichkeit der Nachholung einer fehlenden Anhörung gemäß § 45 I Nr.3 VwVfG. Diese kann nach § 45 II VwVfG bis zum Abschluss der letzten Tatsacheninstanz eines verwaltungsgerichtlichen Verfahrens nachgeholt werden. Wehrt sich also der Betroffene gegen einen Verwaltungsakt, kann die Behörde die Anhörung selbst während des Gerichtsverfahrens noch nachholen.

Die Behörde B kann dem A folglich in **Fall 45** auch nach Erlass des Verwaltungsakts Gelegenheit zur Äußerung geben. Die bis dahin bestehende Rechtswidrigkeit des Widerrufs der Gaststättenerlaubnis wird dann geheilt.

■ Fall 46

Das anfangs blühende Lederwarengeschäft des L geht wegen dessen Alkoholkonsums immer weiter zugrunde. L verfällt im Rausch oft in Aggressivität und hat schon mehrere Mitarbeiter körperlich angegriffen. Der Bruder des L arbeitet in der Gewerbeaufsichtsbehörde und hofft, dass L nach Geschäftsaufgabe eine Entziehungskur beginnen werde. Zur Beschleunigung des Ganzen verfügt er eine Gewerbeuntersagung gemäß § 35 I 1 GewO (Sartorius Nr. 800). Ist der Verwaltungsakt rechtswidrig?

Ist die Heilung eines formellen Fehlers nach § 45 VwVfG nicht möglich, so kann dieser dennoch nach § 46 VwVfG **unbeachtlich** sein. Verwaltungsakte können vom Bürger mit Rechtsbehelfen (etwa Widerspruch und Anfechtungsklage) angegriffen werden; sind sie rechtswidrig, so müssen sie aufgehoben werden. Dies gilt jedoch nicht bei Fehlern, die gemäß § 46 VwVfG unbeachtlich sind: Die Aufhebung allein wegen solcher Fehler rechtswidriger Verfügungen kann der Vorschrift zufolge nicht beansprucht werden. Voraussetzung ist, dass der Fehler die Entscheidung in der Sache offensichtlich nicht beeinflusst hat.

Zu Fall 46: An der Entscheidung über die Gewerbeuntersagung gegen L hat eine gemäß § 20 I 1 Nr.2 VwVfG ausgeschlossene Person mitgewirkt. Es liegt also ein Verfahrensfehler vor. Da L aufgrund seines Alkoholkonsums jedoch tatsächlich unzuverlässig war, hätte die Behörde auch ohne den Verfahrensfehler nicht anders entscheiden können: Bei Unzuverlässigkeit „ist" gemäß § 35 I 1 GewO nämlich stets eine Gewerbeuntersagung auszusprechen (sofern dies zum Schutz der Beschäftigten erforderlich ist, was hier auch der Fall war). Zwar bleibt der Verwaltungsakt rechtswidrig. Selbst wenn L gegen ihn vorginge, könnte er dessen Aufhebung jedoch allein wegen des Verstoßes gegen § 20 VwVfG nicht verlangen.

Materielle Rechtmäßigkeit

Um rechtmäßig zu sein, muss ein Verwaltungsakt auch den materiellen Anforderungen der Rechtsordnung genügen. Materiell rechtswidrig ist er, wenn die von ihm getroffene Regelung inhaltlich gegen eine Rechtsvorschrift verstößt. Zum einen müssen die Tatbestandsvoraussetzungen der Rechtsgrundlage des Verwaltungsakts vorliegen, zum anderen muss die von der Behörde gesetzte Rechtsfolge von der Vorschrift gedeckt sein.

Tatbestandsvoraussetzungen

▆▆ Fall 47

Dem Lederwarenhändler L aus dem vorangegangenen Fall wurde die Fortführung seines Gewerbes auf der Grundlage des § 35 I 1 GewO untersagt. Welche Voraussetzungen müssen erfüllt sein, damit eine Gewerbeuntersagung ergehen darf?

Befugnisse zu Eingriffen oder Leistungsgewährung durch Verwaltungsakt sind in zahlreichen gesetzlichen Regelungen zu finden. Sie knüpfen diese Befugnis jeweils an das Vorliegen bestimmter Tatbestandsvoraussetzungen: Ein Verwaltungsakt kann nicht „einfach mal so" erlassen werden. § 35 I 1 GewO legt die Voraussetzungen fest, unter denen eine Gewerbeuntersagung auszusprechen ist. Es müssen danach Tatsachen vorliegen, die die Unzuverlässigkeit des Gewerbetreibenden dartun; zudem muss die Untersagung zum Schutz der Allgemeinheit oder der im Betrieb Beschäftigten erforderlich sein.

Beide Voraussetzungen sind im **Beispielsfall 47** gegeben: L ist unzuverlässig, weil er aufgrund seines Alkoholkonsums nicht die Gewähr dafür bietet, sein Gewerbe zukünftig ordnungsgemäß zu betreiben. Zudem hatte er bereits mehrfach Mitarbeiter körperlich angegriffen, so dass die Untersagung auch zum Schutz der im Betrieb Beschäftigten erforderlich war.

Rechtsfolge

Liegen die Tatbestandsvoraussetzungen der Rechtsgrundlage vor, so ist der Verwaltungsakt damit noch nicht als rechtmäßig anzusehen: Auch die von der Behörde gewählte Rechtsfolge muss von der Ermächtigungsgrundlage gedeckt sein.

Leitsatz 10

> **!**
>
> **Rechtsfolge eines Verwaltungsakts**
> Zwei Arten von Rechtsfolgeentscheidungen lassen sich unterscheiden:
> 1. **gebundene Entscheidungen**: Bei Vorliegen der Tatbestandsvoraussetzungen muss die gesetzlich vorgesehene Rechtsfolge ergehen.
>
> 2. **Ermessensentscheidungen**: Bei Vorliegen der Tatbestandsvoraussetzungen hat die Behörde die Wahl, ob bzw. welche Rechtsfolge sie setzt.

▬▬ Fall 48

Noch ein letztes Mal zum Lederwarenhändler L: War die Rechtsfolge „Gewerbeuntersagung" in seinem Fall zwingend auszusprechen?

Sogenannte **gebundene Entscheidungen** liegen vor, wenn die Rechtsgrundlage die Behörde bei Vorliegen der Tatbestandsvoraussetzungen zur Anordnung einer bestimmten Rechtsfolge verpflichtet. Die im Gesetz vorgesehene Rechtsfolge ist zwingend zu treffen; wird von der Behörde eine andere Rechtsfolge angeordnet, so ist die Verfügung rechtswidrig.

Einmal noch wollen wir für **Fall 48** den schon arg strapazierten § 35 I 1 GewO in dieser Lektion bemühen: Ist der Gewerbetreibende unzuverlässig und die Untersagung zum Schutz der Allgemeinheit bzw. der Beschäftigten erforderlich, so „ist" das Gewerbe von der zuständigen Behörde zu untersagen. Bei Vorliegen der Tatbestandsvoraussetzungen hat die Behörde also nicht die Wahl. Sie muss vielmehr eine Gewerbeuntersagung aussprechen.

■ Fall 49

A steht im Verdacht, sich durch eine Ausreise in den Libanon seiner Wehrpflicht entziehen zu wollen. Die Behörde entzieht ihm daher gemäß § 8 i.V.m. § 7 I Nr.8 PassG (Sartorius Nr. 250) den Ausweis. Stand der Behörde insofern ein Entscheidungsspielraum zu?

Den Gegensatz zu den gebundenen Entscheidungen bilden die sogenannten Ermessensentscheidungen: Ermessen besteht, wenn die Rechtsgrundlage der Behörde bei Vorliegen der Tatbestandsvoraussetzungen die Wahl zwischen mehreren Rechtsfolgen lässt. Die Möglichkeit, eine Rechtsfolge zu wählen, drückt das Gesetz durch Formulierungen wie „kann", „ist berechtigt" o.Ä. aus.

Die Verwaltung soll dadurch in die Lage versetzt werden, die Besonderheiten des Einzelfalls zu berücksichtigen. Wie in Lektion 4 ausgeführt, treffen die Gesetze allgemein geltende, abstrakt-generelle Regelungen. Mit dem Erlass eines Verwaltungsakts setzt die Verwaltung dieses allgemeine Recht für den Einzelfall um. Ermessen ermöglicht ihr, zu einer für den Einzelfall sachgerechten Lösung zu gelangen.

Zwei Arten von Ermessen sind dabei zu differenzieren: Entschließungsermessen und Auswahlermessen. Entschließungsermessen eröffnet der Behörde die Wahl, ob sie überhaupt tätig wird oder untätig bleibt. Beim Auswahlermessen kann die Behörde entscheiden, auf welche Art und Weise sie tätig werden will. Sie kann also wählen, welche von verschiedenen Möglichkeiten sie gegen welche Person ergreifen möchte.

Zu Fall 49: Gemäß § 8 PassG „kann" die Behörde bei Vorliegen der Tatbestandsvoraussetzungen dem Passinhaber seinen Ausweis entziehen. Sie kann demnach eine Abwägung des Für und Wider vornehmen und dann eine entsprechende Entscheidung treffen. § 8 PassG billigt ihr insofern Entscheidungsspielraum zu.

■ Fall 50

Beamter B entzieht dem ausreisewilligen Wehrpflichtigen W den Pass, weil er dessen Gesicht nicht leiden kann. Was ist hier falsch gelaufen?

Räumt die Rechtsgrundlage der Behörde Ermessen ein, so ist diese dennoch in ihren Entscheidungen nicht völlig frei. § 40 VwVfG bestimmt vielmehr, dass sie ihr Ermessen dem Zweck der Ermächtigung entsprechend auszuüben und dabei die gesetzlichen Grenzen des Ermessens einzuhalten hat. Tut sie dies nicht, begeht sie einen Ermessensfehler, der die Rechtswidrigkeit des Verwaltungsakts zur Folge hat.

Im Beispielsfall 50 hat B das Ermessen nicht dem Zweck der Ermächtigung des § 8 PassG entsprechend ausgeübt. § 8 i.V.m. § 7 I Nr.8 PassG dient dazu, Wehrpflichtige daran zu hindern, sich ins Ausland abzusetzen. Er darf nicht etwa dazu missbraucht werden, dem Wehrpflichtigen aus persönlicher Antipathie zu schaden. B hat ermessensfehlerhaft gehandelt. Der Passentzug ist rechtswidrig.

Einen Überblick über die Ermessensfehler bietet Übersicht 12.

Übersicht 12: Ermessensfehler

Ermessensunter-schreitung	Ermessensfehlge-brauch	Ermessensüber-schreitung
▼	▼	▼
Eingeräumtes Ermessen wird nicht ausgeübt	Ermessensbetätigung läuft Zweck der Ermächtigung zuwider	Gesetzliche Grenzen des Ermessens werden überschritten

Ermessensunterschreitung

■ Fall 51

Der Verein Anarchos Mainz e.V., landesweit für seine Radikalität bekannt, plant eine Demo. Die zuständige Versammlungsbehörde meint, die Versammlung aufgrund der abzusehenden Gefahr für die öffentliche Sicherheit verbieten zu müssen. Richtig?

Unterschreitet die Behörde das ihr von einer Rechtsgrundlage einge-
räumte Ermessen, so ist der erlassene Verwaltungsakt rechtswidrig. Eine
Ermessensunterschreitung liegt zum einen dann vor, wenn die Behörde
von dem ihr zustehenden Ermessen überhaupt keinen Gebrauch macht,
etwa weil sie die Entscheidung irrig für gebunden hält. Aber auch die
Konstellation, dass die Behörde ihren Ermessensspielraum zwar erkennt,
jedoch zulässige Entscheidungsalternativen nicht in die Abwägung ein-
bezieht, gehört hierher.

Verbietet die zuständige Behörde in Fall 51 die Versammlung, weil
sie meint, dies bei einer Gefahr für die öffentliche Sicherheit tun zu
„müssen", so handelt sie ermessensfehlerhaft. § 15 I VersG (Sartorius
Nr. 435) spricht nämlich ausdrücklich von „kann": Der Behörde ist ein
Ermessensspielraum eingeräumt, den sie wahrzunehmen hat. Glaubt sie,
das Versammlungsverbot erlassen zu müssen, ist dieser Verwaltungsakt
wegen Ermessensunterschreitung rechtswidrig.

Ermessensfehlgebrauch

◼◼ Fall 52

Jungunternehmer J beantragt einen Existenzgründungszuschuss. Beamter B erteilt ihm diesen aus purer Sympathie. Der schneidige J hatte
sich auf dem Amt von seiner Schokoladenseite gezeigt. Mögliche Ermessensfehler?

Der Ermessensfehler „Ermessensfehlgebrauch" liegt insbesondere dann
vor, wenn die Behörde bei ihrer Entscheidung Umstände berücksichtigt,
die nicht dem Zweck der Vorschrift entsprechen. Dies kann etwa darauf
beruhen, dass sie den Zweck der Regelung verkennt oder dass zweck-
fremde Motive wie Freundschaft, Antipathie, Ausländerhass o.Ä. in die
Willensbildung eingeflossen sind.

Der Bewilligungsbescheid aus Fall 52 für den Existenzgründungszuschuss
ist aufgrund Fehlgebrauchs des Ermessens – B handelte aus Sympathie –
folglich fehlerhaft.

Ermessensüberschreitung

■ Fall 53

R genießt ein Leben auf der Überholspur. Zahllose Geschwindigkeitsüberschreitungen führen dazu, dass ihm schließlich der Führerschein
entzogen wird. R weigert sich, ihn herauszugeben. Die zuständige Behörde meint, man müsse ihn dazu endlich zwingen, und setzt aufgrund
des VwVG (Sartorius Nr. 112) ein Zwangsgeld in Höhe von 20.000 Euro
fest. Korrekt?

Die Behörde überschreitet die gesetzlichen Grenzen des Ermessens, wenn
sie eine Rechtsfolge wählt, die in der gesetzlichen Rechtsgrundlage nicht
vorgesehen ist. Hält sich der Verwaltungsakt also nicht in dem von der
Vorschrift vorgegebenen Rahmen, liegt ein Ermessensfehler – sogenannte
Ermessensüberschreitung – vor.

Zu Fall 53: Die Festsetzung eines Zwangsgelds stellt einen Verwaltungsakt dar, der im Ermessen der Behörde liegt (vgl. § 11 I VwVG:
„kann"). Gemäß § 11 III VwVG darf das Zwangsgeld jedoch nur bis zu
einer gewissen Höhe festgesetzt werden. Der Betrag von 20.000 Euro
geht weit darüber hinaus. Die Zwangsgeldfestsetzung ist daher wegen
Ermessensüberschreitung fehlerhaft.

■ Fall 54

Der Schadstoffausstoß der Anlage des U führt dazu, dass die Dächer der
anliegenden Häuser bereits mit Ruß bedeckt sind. Die Behörde verfügt
daher den Einbau eines bestimmten Schadstofffilters. Dieser ist jedoch
gar nicht in der Lage, den Ausstoß zu erfassen. Könnte hier eine Ermessensüberschreitung vorliegen?

Gemäß Art. 20 III GG ist die Verwaltung an Recht und Gesetz gebunden.
Zu den gesetzlichen Grenzen des Ermessens gehören daher auch die
Grundrechte sowie das übrige Verfassungsrecht. Auch wenn die behördlich gewählte Rechtsfolge gegen Grundrechte oder Verfassungsgrundsätze
verstößt, liegt demzufolge eine Ermessensüberschreitung vor.

Die wichtigste verfassungsrechtliche Grenze des Ermessens ist dabei der
Grundsatz der Verhältnismäßigkeit. Dieser besagt, dass Belastungen des
Bürgers nicht in jedem Umfang zulässig sind, sondern nur insofern, als
sie zur Durchsetzung legitimer öffentlicher Interessen geeignet, erforder-

sie zur Durchsetzung legitimer öffentlicher Interessen geeignet, erforderlich und angemessen sind. Jeder belastende Verwaltungsakt, auf den dies nicht zutrifft, ist wegen Ermessensüberschreitung fehlerhaft.

Leitsatz 11

Grundsatz der Verhältnismäßigkeit

1. **Geeignetheit**: Der Verwaltungsakt muss den gewünschten Erfolg zumindest fördern.

2. **Erforderlichkeit**: Der Behörde darf zur Erreichung ihres Ziels keine ebenso wirksame, aber weniger belastende Maßnahme zur Verfügung stehen.

3. **Angemessenheit**: Der Verwaltungsakt darf nicht zu Nachteilen führen, die zu dem erstrebten Zweck außer Verhältnis stehen.

Merken Sie sich die drei Stichwörter Geeignetheit, Erforderlichkeit, Angemessenheit!
Ist der Grundsatz der Verhältnismäßigkeit nicht gewahrt, ist der Verwaltungsakt wegen Ermessensüberschreitung rechtswidrig.

Der Verwaltungsakt muss zur Erreichung des von der Behörde verfolgten Zwecks zunächst geeignet sein. Das ist er, wenn der Zweck durch die angeordnete Maßnahme zumindest gefördert wird. Dies ist in aller Regel der Fall, es sei denn, der Verwaltungsakt ist ausnahmsweise zur Erreichung des angestrebten Ziels völlig untauglich.

Zu Beispielsfall 54: Der Einbau des Filters in die Anlage des U vermag den Schadstoffausstoß gar nicht zu verringern. Die behördliche Anordnung ist daher ungeeignet. Der Verwaltungsakt ist wegen Verstoßes gegen den Verhältnismäßigkeitsgrundsatz rechtswidrig.

▬ Fall 55

100.000 Menschen versammeln sich, um friedlich für den Klimaschutz zu demonstrieren. In ihrer Mitte befinden sich drei Störenfriede, die während der Demonstration Fensterscheiben einschlagen. Die Polizei löst die gesamte Versammlung auf. Ist die Versammlungsauflösung rechtmäßig?

Der Grundsatz der Verhältnismäßigkeit verlangt neben der Geeignetheit des Verwaltungsakts dessen Erforderlichkeit. Erforderlich ist ein Verwaltungsakt, wenn der Behörde keine ebenso wirksame, aber mildere Maßnahme zur Verfügung steht. Die Verwaltung muss sich also fragen, ob ihr Handlungsalternativen zur Verfügung stehen und ob diese zur Erreichung des Ziels gleich wirkungsvoll, für den Bürger aber weniger belastend sind.

Die Auflösung einer Versammlung von 100.000 Menschen wegen dreier Randalierer wie in Fall 55 ist nicht erforderlich. Die Polizei hätte die drei Verantwortlichen vielmehr aus der Menschenmenge herausgreifen können. Dies wäre ein milderes, aber ebenso wirkungsvolles Mittel gewesen, um die Störungen zu beenden.

▇▇▇ Fall 56

A hat seine Luxusvilla um 1,5 Zentimeter zu nah an die Grundstücksgrenze seines Nachbarn gebaut. Da dies der erteilten Baugenehmigung zuwiderläuft, verfügt die Baubehörde den Abriss des Gebäudes. Rechtmäßig?

Selbst wenn ein Verwaltungsakt geeignet und erforderlich ist, ist dem Verhältnismäßigkeitsgrundsatz damit noch nicht Genüge getan: Er muss auch angemessen sein. Unangemessen ist er dann, wenn er zu Nachteilen führt, die zu dem verfolgten Zweck außer Verhältnis stehen. Die Schwere des Eingriffs muss also mit der Gewichtigkeit des angestrebten Ziels verglichen werden. Besteht ein offensichtliches Missverhältnis, d.h. ist der Eingriff viel schwerer als der Zweck bedeutsam, so ist die Maßnahme unangemessen.

Zurück zu Fall 56: Die Anordnung des Abrisses der Villa – allein aufgrund der um anderthalb Zentimeter zu nah an die Grundstücksgrenze reichenden Bebauung – ist unverhältnismäßig. Zwischen verfolgtem Zweck und Schwere des Eingriffs besteht ein krasses Missverhältnis. Wegen des Verstoßes gegen den Verhältnismäßigkeitsgrundsatz ist der Verwaltungsakt ermessensfehlerhaft und damit rechtswidrig.

So, nicht gerade wenig zu verdauen ...

Leitsätze und Übersichten dieser Lektion sollten Ihnen auf jeden Fall geläufig sein. Das gilt vor allem für das Prüfungsschema zur Rechtmäßigkeit eines Verwaltungsakts: Prägen Sie es sich noch einmal ein!

Lektion 8: Aufhebung von Verwaltungsakten

■ Fall 57

Urbayer B hat für seine Kneipe nahe der dänischen Grenze eine Gaststättenerlaubnis erhalten. Als der Hefeweizen-Konsum unter den Nordfriesen auch nach mehreren Wochen nicht merklich zugenommen hat, beginnt B mit der Veranstaltung illegaler, aber weitaus einträglicherer Glücksspiele. Die zuständige Behörde bekommt hiervon durch A, der bereits mehrere Monatseinkommen am Tisch gelassen hat, Wind. Sie entzieht dem B daraufhin die Gaststättenerlaubnis. Durfte sie das?

Ein einmal erlassener Verwaltungsakt muss nicht bis in alle Ewigkeit bestehen bleiben. Die Behörde kann ihn auch wieder aufheben; entsprechende Regelungen finden sich entweder in Spezialvorschriften oder im VwVfG.

In Fall 57 richtet sich die Aufhebung der Gaststättenerlaubnis nach § 15 II GastG (Sartorius Nr. 810). Die Erlaubnis musste widerrufen werden, da B wegen der Veranstaltung unerlaubten Glückspiels als im Sinne des § 4 I Nr.1 GastG unzuverlässig anzusehen war. § 15 GastG stellt eine Spezialvorschrift für die Aufhebung eines Verwaltungsakts (nämlich einer Gaststättenerlaubnis) dar. Sind derartige Vorschriften in einem speziellen Gesetz enthalten, verdrängen sie die allgemeinen Vorschriften des VwVfG.

■ Fall 58

Hundehalterverein H ist laut seines Pressesprechers über die neuerliche Erhöhung der Hundesteuer in der Gemeinde G „not amused". Die Vereinsmitglieder kündigen an, samt ihrer kleinen Freunde auf dem Rathausplatz demonstrieren zu wollen. Die Behörde fürchtet einen Kampfhundeaufmarsch und erlässt wegen der zu erwartenden Gefährdung der öffentlichen Sicherheit gemäß § 15 I VersG (Sartorius Nr. 435) ein Versammlungsverbot. Als sich herausstellt, dass es sich bei den Vereinsmitgliedern ausschließlich um Zwergpinscher-Liebhaber handelt, hebt die Behörde das Verbot wieder auf. Nach welchen Normen richtet sich die Aufhebung des Versammlungsverbots?

Für die Aufhebung eines Versammlungsverbots sind – wie in den meisten Fällen – keine speziellen Vorschriften einschlägig; sie richtet sich daher nach den allgemeinen Aufhebungsvorschriften der §§ 48, 49 VwVfG.

Wie unschwer zu erkennen (und im ersten Moment wohl auch ein wenig abschreckend), handelt es sich bei diesen um sehr gesprächige Vorschriften. Der Vorteil ist: Es steht eigentlich alles drin, sie wollen nur aufmerksam durchgelesen werden.

Als erstes bemerkt man anhand der Überschriften, dass es zwei Arten der Aufhebung von Verwaltungsakten gibt: Zum einen die Rücknahme (§ 48 VwVfG), zum anderen den Widerruf (§ 49 VwVfG). Die Rücknahme kommt, wie sich der Überschrift weiter entnehmen lässt, bei rechtswidrigen Verwaltungsakten in Betracht, der Widerruf für rechtmäßige.

Leitsatz 12

!

Aufhebung von Verwaltungsakten gemäß §§ 48, 49 VwVfG

Greifen keine Spezialvorschriften ein, so richtet sich die behördliche Aufhebung von Verwaltungsakten nach den §§ 48, 49 VwVfG. Sie regeln, unter welchen Voraussetzungen die Behörde einen erlassenen Verwaltungsakt wieder aufheben darf.
Zu unterscheiden ist dabei danach, ob der Verwaltungsakt rechtswidrig oder rechtmäßig war:
– § 48 VwVfG regelt die Rücknahme eines rechtswidrigen Verwaltungsakts
– § 49 VwVfG regelt den Widerruf eines rechtmäßigen Verwaltungsakts

Zurück zu **Fall 58**: Das Versammlungsverbot war rechtswidrig, da keine Gefährdung der öffentlichen Sicherheit vorlag. Da keine Spezialvorschrift eingreift, richtet sich die Aufhebung des Verbots nach § 48 VwVfG.

Rücknahme eines rechtswidrigen belastenden Verwaltungsakts

▬▬ Fall 59

Das Halteverbotsschild in der Altstadtstraße des B wird trotz seiner Einträglichkeit entfernt. B freut sich, endlich vor dem eigenen Haus parken zu können. Politesse P hat jedoch noch die alte Halteverbotsregelung im Kopf und verpasst dem Wagen ein Knöllchen. Als das Gefährt sich auch am nächsten Tag noch an Ort und Stelle befindet, veranlasst sie eine Abschleppmaßnahme. B erhält hierfür einen Kostenbescheid. Als die

Behörde die Fehlerhaftigkeit des Bescheids erkennt, möchte sie ihn gerne aufheben. Geht das?

Ist der aufzuhebende Verwaltungsakt rechtswidrig, richtet sich seine Aufhebung nach der Vorschrift des § 48 VwVfG. Innerhalb dieser Regelung müssen Sie danach unterscheiden, ob es sich um einen begünstigenden oder einen belastenden Verwaltungsakt handelt.

Wann ein Verwaltungsakt als begünstigend anzusehen ist, ergibt sich aus § 48 I 2 VwVfG: Immer dann, wenn er ein Recht oder einen rechtlichen Vorteil begründet oder bestätigt; zum Beispiel: Genehmigungserteilung, Einbürgerung oder Beamtenernennung. Belastende Verwaltungsakte sind dagegen solche, die die Rechte des Adressaten in irgendeiner Weise einschränken: Versammlungsverbot, Abrissverfügung, Ablehnung einer Baugenehmigung etc. Rechtswidrige belastende Verwaltungsakte können gemäß § 48 I VwVfG jederzeit frei zurückgenommen werden. Die Rücknahme kann sowohl für die Zukunft als auch für die Vergangenheit erfolgen.

Den Kostenbescheid gegen B für die zu Unrecht erfolgte Abschleppmaßnahme aus Fall 59 kann die Behörde demnach gemäß § 48 I VwVfG wieder aufheben.

Rücknahme eines rechtswidrigen begünstigenden Verwaltungsakts

▓▓ Fall 60

Sozialhilfeempfänger S beheizt seine Wohnung nach eigenen Angaben mit einem Kohleofen. Er erhält von der Behörde per Bewilligungsbescheid monatlich 30 Kilo Kohlen zugeteilt. Als der Behörde auffällt, dass S falsche Angaben gemacht hat (in Wahrheit verfügt seine Wohnung über eine voll funktionsfähige Gasheizung), will sie den Bescheid aufheben. Darf sie das?

Soll ein begünstigender rechtswidriger Verwaltungsakt zurückgenommen werden, so darf dies gemäß § 48 I 2 VwVfG nur unter den Einschränkungen der Absätze zwei bis vier geschehen. Dadurch soll berücksichtigt werden, dass der Bürger grundsätzlich auf den Bestand der Begünstigung vertraut.

Die Absätze zwei und drei des § 48 VwVfG differenzieren danach, ob dem Betroffenen eine Geld- bzw. Sachleistung oder eine sonstige Begünstigung gewährt wurde. Hat der zurückzunehmende Verwaltungsakt die Gewährung einer Geld- oder Sachleistung zum Gegenstand, so gilt § 48 II VwVfG: Er darf nicht zurückgenommen werden, soweit der Begünstigte tatsächlich auf den Bestand des Verwaltungsakts vertraut hat und das Vertrauen schutzwürdig ist.

Zunächst ist insofern zu klären, ob das Vertrauen des Bürgers überhaupt schutzwürdig ist: Dies ist gemäß § 48 II 3 VwVfG nicht der Fall bei Erwirkung des VA durch Täuschung, Drohung oder Falschangaben bzw. Kenntnis des Begünstigten von der Rechtswidrigkeit des Verwaltungsakts. Liegt ein solcher Ausschlussgrund nicht vor, ist eine Abwägung des Vertrauens mit dem öffentlichen Interesse an der Aufhebung des rechtswidrigen Verwaltungsakts vorzunehmen. Diese fällt regelmäßig zugunsten des Begünstigten aus, wenn er die ihm gewährte Leistung bereits verbraucht hat (§ 48 II 2 VwVfG).

Im Ausgangsfall 60 hat S den Bewilligungsbescheid durch falsche Angaben erwirkt. Er kann sich daher gemäß § 48 II 3 Nr.2 VwVfG nicht auf Vertrauen berufen. Die Behörde kann den Verwaltungsakt zurücknehmen. Bereits erbrachte Leistungen kann sie sodann nach § 49a VwVfG zurückfordern.

Fall 61

Behörde B hat dem A zu Unrecht öffentliche Fördermittel für die Entwicklung von Solarfahrzeugen gewährt. Als sie ihren Fehler erkennt, denkt sie darüber nach, ob sie den Bewilligungsbescheid zurücknehmen sollte. Kann sie die Rücknahme zu einem beliebigen Zeitpunkt vornehmen oder muss eine Frist beachtet werden?

Wie gerade erwähnt, sind begünstigende Bescheide nur unter den Einschränkungen des § 48 II – IV VwVfG rücknehmbar. Absatz vier enthält eine Fristenregelung, die dem Schutz des Bürgers dient. Nach Ablauf einer gewissen Zeit soll dieser auf den Bestand des begünstigenden Verwaltungsakts vertrauen können. Die Rücknahme ist nur innerhalb eines Jahres seit dem Zeitpunkt zulässig, in dem die Behörde von Tatsachen Kenntnis erhalten hat, die die Rücknahme rechtfertigen. Der Rechtsprechung zufolge handelt es sich dabei um eine Entscheidungsfrist: Sie beginnt erst dann zu laufen, wenn die Behörde alles ermittelt hat, was für eine sachgerechte Aufhebungsentscheidung erforderlich ist. So müssen der Behörde vor allem auch die Tatsachen bekannt sein, die im Rahmen der Abwägung zwischen Vertrauensschutz und öffentlichem Aufhebungsinteresse (§ 48 II VwVfG) relevant sind.

Hat Behörde B aus dem Beispiel 61 auch diese Umstände ermittelt, so beginnt die Frist zu laufen. Sie hat dann noch ein Jahr Zeit, um über eine Rücknahme nachzudenken.

■■ Fall 62

Bauherr B hat für sein Wochenendhäuschen in der Lüneburger Heide eine Baugenehmigung erhalten. Erst nachdem er mit den Bauarbeiten begonnen hat, erkennt die Behörde, dass die Genehmigung wegen Verstoßes gegen Vorschriften des Bauplanungsrechts rechtswidrig war. Sie nimmt die Bauerlaubnis daher zurück. Ist das in Ordnung? Kann B Ersatz für die bereits getätigten Investitionen verlangen?

§ 48 III VwVfG behandelt die Fälle begünstigender Verwaltungsakte, die nicht auf die Gewährung einer Geld- oder teilbaren Sachleistung gerichtet sind. Diese sogenannten sonstigen begünstigenden Verwaltungsakte können ohne weitere Einschränkungen (nur die Frist des § 48 IV VwVfG gilt auch hier) zurückgenommen werden. Nimmt die Behörde den Verwaltungsakt zurück, so muss sie dem Betroffenen allerdings den Vermögensnachteil ausgleichen, den dieser im Vertrauen auf den Bestand des Bescheids erlitten hat. § 48 III VwVfG gewährt also keinen Bestandsschutz, sondern lediglich Vermögensschutz: Der Verwaltungsakt kann ohne weitere Einschränkungen zurückgenommen werden. Der Betroffene ist in der Regel zu entschädigen.

Zur Lösung von Fall 62: Die Rücknahme der Bauerlaubnis – eines sonstigen begünstigenden Verwaltungsakts – war also rechtmäßig. B kann jedoch für seine bereits in Baumaterialien etc. getätigten Investitionen Entschädigung verlangen.

Widerruf eines rechtmäßigen belastenden Verwaltungsakts

■■ Fall 63

K betreibt eine Imbissbude und beschäftigt schon jahrelang einen Angestellten, der schwarz und unterhalb der Mindestlohngrenze für ihn schuftet. Eines unschönen Tages fliegt das Treiben des K auf. Die zuständige Behörde untersagt dem K gemäß § 35 I 1 GewO (Sartorius Nr. 800) die weitere Ausübung seines Gewerbes. Nur wenige Tage nach Erlass der Untersagung wechselt der zuständige Sachbearbeiter. Der neue Amtsinhaber S ist mit K schon seit Kindertagen befreundet und würde die Untersagungsverfügung am liebsten wieder aufheben. Darf er?

Ist der zu beseitigende Verwaltungsakt rechtmäßig, darf er nur unter den Voraussetzungen des § 49 VwVfG aufgehoben werden. Innerhalb des § 49 VwVfG ist – wie bei § 48 VwVfG – danach zu differenzieren, ob der Verwaltungsakt belastend oder begünstigend wirkt. Für die Aufhebung eines rechtmäßigen belastenden Verwaltungsakts ist § 49 I VwVfG maßgeblich. Danach kann der Verwaltungsakt widerrufen werden, sofern nicht eine Verfügung gleichen Inhalts erlassen werden müsste oder aus anderen Gründen ein Widerruf unzulässig ist.

Können Sie sich denken, in welchen Fällen sofort ein neuer Verwaltungsakt des gleichen Inhalts wie der aufgehobene erlassen werden müsste?

Vielleicht erinnern Sie sich noch an die vorangegangene Lektion: Einige gesetzliche Vorschriften gewähren der Verwaltung einen Ermessensspielraum, andere schreiben ihr vor, was sie bei Vorliegen bestimmter Tatbestandsmerkmale zu tun hat (sog. „gebundene" Entscheidungen). Höbe man einen derartigen gebundenen Verwaltungsakt auf, so müsste er gleich wieder erlassen werden.

Mit solch einem Fall haben wir es in **Beispiel 63** zu tun: Gemäß § 35 I 1 GewO „ist" bei Unzuverlässigkeit des Gewerbetreibenden eine Untersagungsverfügung auszusprechen. Würde der Sachbearbeiter S die Untersagung gegenüber K widerrufen, müsste er eine Verfügung des gleichen Inhalts sogleich erneut erlassen. Die Tatbestandsvoraussetzungen des § 35 I GewO – insbesondere Unzuverlässigkeit des K – wären ja nach wie vor gegeben. S darf die Untersagung mithin nicht widerrufen.

Widerruf eines rechtmäßigen begünstigenden Verwaltungsakts

▬ Fall 64

A hat vor zwanzig Jahren sein Staatsexamen als Lehrer im Fach Latein abgelegt. Zufällig trifft er in einer Kneipe auf Schulbehördenmitarbeiter M, der ein großer Freund der Sentenzen Senecas ist. M beginnt mit den Worten „Salve, amice!" freudig ein Fachgespräch, bemerkt aber bald, dass A nicht mal mehr einen ablativus absolutus zu erkennen imstande ist. M hält es für unverantwortlich, dass jemand wie A mit einem Latein-Examen durch die Gegend läuft. Er überlegt, ob sich das Staatsexamen widerrufen ließe. Möglich?

Für begünstigende Verwaltungsakte ist auch beim Widerruf danach zu unterscheiden, ob sie eine Geld- bzw. Sachleistung oder eine sonstige Begünstigung gewähren. Für sonstige Begünstigungen gilt § 49 II VwVfG. Ein rechtmäßiger und begünstigender Verwaltungsakt darf danach nur in Ausnahmefällen widerrufen werden. Das lässt sich leicht nachvollziehen: Der Verwaltungsakt ist ja rechtmäßigerweise ergangen und es ist das Vertrauen des Betroffenen auf den Bestand der Begünstigung zu berücksichtigen. Die Fälle, in denen ein Widerruf dennoch in Betracht kommt, zählt § 49 II VwVfG abschließend auf: Widerrufsvorbehalt (Nr. 1), Nichterfüllung einer Auflage (Nr. 2), Änderung der Sach- oder Rechtslage (Nr. 3, 4) sowie Verhütung schwerer Nachteile für das Gemeinwohl (Nr. 5).

Im Fallbeispiel 64 kommt eine Änderung der Sachlage in Betracht (§ 49 II Nr. 3): A hat keine Fachkenntnisse in Latein mehr. Dennoch darf ein Widerruf des Staatsexamens nicht erfolgen. Dies liefe dem Sinn und Zweck des Verwaltungsakts entgegen: Die erforderlichen Fachkenntnisse müssen nämlich nur bei Ablegung der Prüfung vorhanden sein. Ein Widerruf des Examens des A wäre daher rechtswidrig. M muss sich auf andere Art beruhigen.

▌ Fall 65

Das Verkehrsministerium gewährt Busunternehmen eine Bezuschussung für die Anschaffung von Bussen, die der Beförderung Behinderter dienen. Unternehmer B erhält eine Bezuschussung und verwendet diese zunächst auch zum Kauf eines Busses für die Beförderung Behinderter. Schon nach wenigen Wochen jedoch veranstaltet er mit diesem stattdessen lukrative touristische Fernreisen nach Nowosibirsk. Das Ministerium widerruft daraufhin den Bewilligungsbescheid. Zu Recht?

Der Widerruf rechtmäßiger VA, die Geld- oder Sachleistungen zur Erfüllung eines bestimmten Zwecks gewähren, richtet sich nach § 49 III VwVfG. In zwei Fällen darf ein Widerruf erfolgen: Gemäß § 49 III 1 Nr. 1 VwVfG dann, wenn die Leistung nicht für den im Verwaltungsakts bestimmten Zweck verwendet wird, nach Nr. 2 darüber hinaus bei

Nichterfüllung einer Auflage. Der Widerruf ist dabei – anders als bei sonstigen begünstigenden Verwaltungsakten! – auch mit Wirkung für die Vergangenheit möglich. Dies ist erforderlich, da nur bei einem Widerruf für die Vergangenheit bereits erbrachte Leistungen von der Behörde gemäß § 49a VwVfG zurückgefordert werden können.

Im Fall 65 darf die Behörde den Bewilligungsbescheid, da B die Leistung nicht zweckgemäß eingesetzt hat, gemäß § 49 III 1 Nr.1 VwVfG widerrufen.

Zum Schluss der Lektion noch eine kleine Wiederholung: Will die Behörde einen erlassenen Verwaltungsakt wieder beseitigen, so kann sie ihn zurücknehmen oder widerrufen. Die „Rücknahme" kommt dabei für rechtswidrige, der „Widerruf" für rechtmäßige Verwaltungsakte in Betracht. Oberbegriff für Rücknahme und Widerruf ist die „Aufhebung". Innerhalb der Rücknahmevorschrift des § 48 VwVfG und der Widerrufsvorschrift des § 49 VwVfG wiederum ist jeweils zwischen „begünstigenden" und „belastenden" Verwaltungsakten zu unterscheiden.

Insgesamt müssen also zwei Fälle mit je zwei Unterfällen auseinandergehalten werden. Klingt eigentlich ganz ordentlich strukturiert, oder? Hierzu die abschließende Übersicht 13.

Übersicht 13: Aufhebung von Verwaltungsakten

1. rechtswidriger Verwaltungsakt: **Rücknahme** § 48 VwVfG
   a. belastend § 48 I VwVfG
   b. begünstigend § 48 II, III VwVfG

2. rechtmäßiger Verwaltungsakt: **Widerruf** § 49 VwVfG
   a. belastend § 49 I VwVfG
   b. begünstigend § 49 II, III VwVfG

III.   Verwaltungsverfahren und -vollstreckung

Lektion 9: Verwaltungsverfahren

Mit dem Begriff Verwaltungsverfahren ist im weiteren Sinne jedes auf den Erlass einer Entscheidung oder die Durchführung einer sonstigen Maßnahme gerichtetes Handeln der Verwaltungsbehörden gemeint. Dieser Begriff des Verwaltungsverfahrens umfasst also die Verwaltungstätigkeiten in Richtung auf eine Rechtsverordnung, Satzung, einen Verwaltungsakt, Realakt, Vertrag etc.

Enger ist der Verwaltungsverfahrensbegriff des VwVfG: Gemäß § 9 VwVfG bezieht er sich lediglich auf die auf den Erlass eines Verwaltungsakts oder den Abschluss eines öffentlich-rechtlichen Vertrags zielende Verwaltungstätigkeit. Die Vorschriften des VwVfG können aber in der Regel für die anderen Handlungsformen der Verwaltung entsprechend herangezogen werden. Im VwVfG finden sich mehrere Arten von Verwaltungsverfahren:

Verfahrensarten des VwVfG

Nichtförmliches Verwaltungsverfahren

■■■ Fall 66

A wohnt in einem reinen Wohngebiet, betreibt in seiner geräumigen Dachgeschosswohnung aber seit längerem ohne Genehmigung ein Fitnessstudio. Behörde B möchte eine Nutzungsuntersagung verfügen. Muss sie für deren Erlass bestimmte Verfahrensvorschriften beachten?

Grundsätzlich gilt gemäß § 10 VwVfG das Prinzip der Nichtförmlichkeit des Verwaltungsverfahrens: An bestimmte Formen ist es nicht gebunden. Dies bedeutet jedoch nicht, dass die Behörde keinerlei Verfahrensvorschriften zu beachten hätte: Einige allgemeine Verfahrensregelungen beanspruchen auch im nichtförmlichen Verwaltungsverfahren Geltung. Zu diesen gehört beispielsweise der Anhörungsgrundsatz gemäß § 28 VwVfG. Vielleicht entsinnen Sie sich noch: Er ist Ihnen bereits im Kapitel über die Rechtmäßigkeit von Verwaltungsakten begegnet. Vor Erlass eines belastenden Verwaltungsakts muss dem Betroffenen Gelegenheit zur Stellungnahme gegeben werden.

Bevor die Behörde dem A in Fall 66 die Nutzung seiner Wohnräume als Fitnessstudio untersagt, muss sie sich demnach gemäß § 28 VwVfG anhören, was er zur Rechtfertigung seiner ungewöhnlichen Geschäftsidee vorzubringen hat.

Förmliches Verwaltungsverfahren (§§ 63 ff. VwVfG)

■■■ Fall 67

K will den Dienst an der Waffe verweigern. Wie muss er seinen Antrag stellen? Wie muss das Verfahren seitens der Behörde durchgeführt werden?

Spezielle gesetzliche Regelungen stellen manchmal erhöhte Anforderungen an das Verwaltungsverfahren. Diese sogenannten förmlichen Verwaltungsverfahren sind durch einige besondere Ordnungsvorschriften gekennzeichnet: Anträge sind § 64 VwVfG zufolge schriftlich zu stellen. Gemäß § 67 VwVfG entscheidet die Behörde im Unterschied zum nicht-förmlichen Verwaltungsverfahren in der Regel nach einer mündlichen Verhandlung, bei der der Adressat des späteren Verwaltungsakts zugegen ist. Die Entscheidung ist schriftlich abzufassen und zu begründen, sie muss den Beteiligten zugestellt werden. Die Regelungen im VwVfG haben insoweit lediglich Modellcharakter. Die spezialgesetzlichen Regelungen weichen von ihnen teilweise ab.

Zu Fall 67: Wie Sie sehen werden, sind die Vorschriften des Kriegsdienst-verweigerungsgesetzes (KDVG: Sartorius Nr. 626) an die §§ 63 ff. VwVfG angelehnt: So muss K seinen Antrag gemäß § 2 II 1 KDVG grundsätzlich schriftlich stellen. Bei Zweifeln an der Wahrheit der Angaben des K kann nach § 6 I 2 KDVG eine mündliche Anhörung durchgeführt werden.

Planfeststellungsverfahren (§§ 72 ff. VwVfG)

■■■ Fall 68

Der Bundesverkehrsminister träumt von einer direkten Autobahnverbindung zwischen Flensburg und München. Die Planungen beginnen. A, dessen Grundstück direkt neben der geplanten Trasse liegt, fragt sich, ob und wie er Einwendungen dagegen geltend machen kann.

Über die Zulässigkeit bestimmter Vorhaben (insbesondere solche mit großer räumlicher Ausdehnung) wird in sogenannten Planfeststellungs-

verfahren entschieden. Das Planfeststellungsverfahren ist streng forma-
lisiert und kommt nur dann zur Anwendung, wenn seine Durchführung
gesetzlich vorgeschrieben ist: So z.B. für den Bau von Bundesfernstraßen
(§ 17 FStrG), Flughäfen (§ 8 LuftVerkG) oder Abfalldeponien (§ 31 II
KrWAbfG).

Geregelt ist das Planfeststellungsverfahren in den §§ 72–78 VwVfG.
Zentraler Bestandteil ist das Anhörungsverfahren, das der Sammlung aller
für die abschließende Entscheidung bedeutsamen Abwägungsmaterialien
dient: Die vom Plan betroffenen Gemeinden müssen den Plan gemäß § 73
III VwVfG zur Einsicht auslegen. Jeder, dessen Belange durch das geplante
Vorhaben berührt werden, kann nach § 73 IV VwVfG innerhalb einer
Frist Einwendungen vorbringen. Wird der Plan trotz der Einwendungen
festgestellt, so ersetzt dieser Beschluss – vgl. § 74 VwVfG – alle nach
anderen gesetzlichen Regelungen erforderlichen Genehmigungen oder
Erlaubnisse (etwa Baugenehmigungen): sog. „Konzentrationswirkung"
des Planfeststellungsbeschlusses.

Wir kommen zur Lösung von Fall 68: A hat die Möglichkeit, nach
Auslegung des Plans durch seine Gemeinde Einwendungen gegen die
Autobahn zu erheben. Achten muss er dabei auf die Einwendungsfrist,
da seine Beanstandungen nach deren Ablauf gemäß § 74 III 3 VwVfG
ausgeschlossen sein könnten.

Rechtsbehelfsverfahren (§§ 79, 80 VwVfG)

■■■ Fall 69

V hat einen Verein zum Schutz des in Afrika vom Aussterben bedrohten
Riesengnus gegründet. Seinem bundesweiten Aufruf zu einer Demonstration für dessen Erhaltung gedenken ca. 1000 Personen zu folgen. Da die
Behörde die Gewaltbereitschaft der zu erwartenden Versammlungsteil-
nehmer als besonders hoch einschätzt und Ausschreitungen befürchtet,
erlässt sie ein Versammlungsverbot. Kann V sich gegen dieses zur Wehr
setzen?

Will sich ein Bürger gegen einen Verwaltungsakt zur wehren, so hat
er gegen diesen grundsätzlich zunächst Widerspruch einzulegen. Das
Widerspruchsverfahren dient der Überprüfung von Recht- und Zweckmäßigkeit eines Verwaltungsakts. § 79 VwVfG verweist dabei auf die
Vorschriften der §§ 68 ff. VwGO (Sartorius Nr. 600). Das Widerspruchsverfahren wird von Verwaltungsbehörden durchgeführt und ist daher ein

echtes Verwaltungsverfahren. Gleichzeitig ist es aber auch Voraussetzung für die Erhebung einer gerichtlichen Klage, so dass es auch als verwaltungsgerichtliches „Vorverfahren" bezeichnet wird.

V muss in Fall 69 gegen das Versammlungsverbot also zunächst einmal Widerspruch einlegen. Das Verbot wird dann von der Verwaltung überprüft. Weist diese den Widerspruch zurück, kann V sich mit einer Anfechtungsklage an die Gerichte wenden.

Übersicht 14 stellt die Arten von Verwaltungsverfahren noch einmal zusammen.

Übersicht 14: Arten von Verwaltungsverfahren

1. nichtförmliches Verwaltungsverfahren
– Regelverfahren (sofern gesetzlich nichts anderes vorgeschrieben ist)
– Geltung der allgemeinen Verfahrensregelungen des VwVfG

2. förmliches Verwaltungsverfahren (§§ 63ff. VwVfG)
– nur bei besonderer gesetzlicher Regelung, z.B. im Kriegsdienstverweigerungsgesetz
– Kennzeichen: besondere Förmlichkeiten, bspw. regelmäßiges Erfordernis einer mündlichen Verhandlung (§ 67 VwVfG)

3. Planfeststellungsverfahren (§§ 72ff. VwVfG)
– nur bei besonderer gesetzlicher Anordnung (§ 72 I Hs.1 VwVfG), z.B. für den Bau von Bundesfernstraßen, § 17 FStrG
– zentraler Bestandteil: Anhörungsverfahren gemäß § 73 VwVfG
– Planfeststellungsbeschluss ersetzt sonstige Genehmigungen (Konzentrationswirkung)

4. Rechtsbehelfsverfahren (§§ 79, 80 VwVfG)
– zur Überprüfung von Verwaltungsmaßnahmen auf Antrag des Bürgers
– Verweisung in § 79 VwVfG auf Vorschriften der VwGO über das Widerspruchsverfahren (§§ 68ff. VwGO)

Beteiligte des Verwaltungsverfahrens

▉▉ Fall 70

Bauherr B stellt einen Baugenehmigungsantrag für das geplante fünfstöckige Wohnhaus. Nachbar N fürchtet um seinen Meerblick, zudem soll das Gebäude direkt an der Grundstücksgrenze stehen. N möchte an dem Baugenehmigungsverfahren gerne beteiligt werden. Möglich?

Wer Beteiligter eines Verwaltungsverfahrens sein kann, wird von § 13 VwVfG geregelt. Die Stellung als Beteiligter des Verfahrens kann große Bedeutung erlangen: Nur den Beteiligten stehen die Verfahrensrechte zu, die wir uns gleich noch ansehen werden. Gemäß § 13 VwVfG ist etwa der Antragsteller am Verfahren beteiligt (Abs.1 Nr.1). Nach Abs.1 Nr.4 sind auch solche Personen Beteiligte, die von der Behörde zum Verfahren hinzugezogen worden sind.

Im Beispiel 70 wäre Antragsteller B folglich bereits kraft Gesetzes (§ 13 I Nr.1 VwVfG) Verfahrensbeteiligter. Nachbar N müsste, da er durch den Verfahrensausgang in seinen rechtlichen Interessen (Abstandsflächen zum anderen Grundstück) betroffen ist, auf Antrag von der Behörde zum Verfahren hinzugezogen werden. Auch er wäre dann gemäß § 13 I Nr.4 i.V.m. II 2 VwVfG Beteiligter.

Die Beteiligteneigenschaft ist Voraussetzung für die Geltendmachung folgender Verfahrensrechte (die übrigens auch im nichtförmlichen Verfahren zu beachten sind):

Verfahrensrechte der Beteiligten

▉▉ Fall 71

Beamter B gedenkt, dem Gaststättenbetreiber G wegen dessen fortgesetzten Drogenkonsums die Gaststättenerlaubnis zu entziehen. Er fragt sich, ob er dem G zuvor Gelegenheit zur Stellungnahme geben muss. Was meinen Sie?

Gemäß § 28 I VwVfG – Sie haben ihn bereits kennengelernt – muss die Behörde vor Erlass eines Verwaltungsakts, der in die Rechte eines Beteiligten eingreift, dem betroffenen Beteiligten Gelegenheit geben, sich zu den für die Entscheidung erheblichen Tatsachen zu äußern. Dieses Anhörungsrecht fließt aus dem verfassungsrechtlichen Grundsatz des rechtlichen Gehörs. Nur in einigen Ausnahmefällen (vgl. § 28 II, III VwVfG) kann von einer Anhörung abgesehen werden.

Da es sich bei der Entziehung der Gaststättenerlaubnis in **Fall 71** um einen belastenden Verwaltungsakt handelt, muss dem G zuvor Gelegenheit gegeben werden, sich zu dem ihm vorgeworfenen Drogenkonsum zu äußern. Erst nach dessen Anhörung kann die Entziehungsverfügung rechtmäßigerweise ergehen.

■■■ **Fall 72**

Kleingärtner K möchte seinen Kleingarten auch zum Wohnen nutzen und sich ein kleines Häuschen darauf errichten. Einen entsprechenden Bauantrag hat er schon vor längerer Zeit gestellt. Um zu erfahren, wie es mit dessen Erfolgsaussichten bestellt ist, würde er zu gerne einen Blick in die Akten der Bauaufsichtsbehörde werfen. Möglich?

Die Antwort steht in **§ 29 I VwVfG**: Danach steht den Beteiligten ein **Akteneinsichtsrecht** zu, soweit die Aktenkenntnis zur Geltendmachung oder Verteidigung ihrer rechtlichen Interessen erforderlich ist. Auch § 29 I VwVfG gilt nur für Beteiligte eines laufenden Verwaltungsverfahrens.

Mit der Stellung des Baugenehmigungsantrags ist im **Beispielsfall 72** das Verfahren eingeleitet worden. Die Baugenehmigung ist noch nicht erteilt oder abgelehnt worden, so dass das Verfahren seinen Abschluss noch nicht gefunden hat. K hat als Beteiligter eines laufenden Verwaltungsverfahrens mithin gemäß § 29 I VwVfG ein Recht auf Einsichtnahme in die Akten.

■■■ **Fall 73**

Fitnessstudiobetreiber A aus **Fall 66** verspürt nur geringe Lust, sich auf sich alleine gestellt mit der gegen ihn ergangenen Nutzungsuntersagung auseinanderzusetzen. Er möchte sich der Hilfe eines Rechtsanwalts bedienen. Geht das?

Gemäß **§ 14 I VwVfG** kann sich der Beteiligte durch einen Bevollmächtigten **vertreten** lassen. Dieser kann dann alle das Verwaltungsverfahren betreffenden Verfahrenshandlungen vornehmen. Bevollmächtigt A also einen Rechtsanwalt mit seiner Vertretung, so kann dieser Akteneinsicht nehmen, Rechtsbehelfe gegen die Nutzungsuntersagung einlegen etc. A braucht sich nicht alleine mit der Behörde auseinanderzusetzen.

Zusammenfassend noch die kleine Übersicht 15 zu den wichtigsten Verfahrensrechten der Beteiligten.

Übersicht 15: Die wichtigsten Verfahrensrechte der Beteiligten

1. Anhörungsrecht, § 28 I VwVfG

2. Recht auf Akteneinsicht, § 29 I VwVfG

3. Recht auf Vertretung, § 14 VwVfG

Lektion 10: Verwaltungsvollstreckung

◼ Fall 74

A wird per Verwaltungsakt aufgefordert, sein illegal errichtetes Landhaus abzureißen. A hängt jedoch daran und kommt der Aufforderung nicht nach. Was kann die Behörde tun, um die Abrissverfügung durchzusetzen?

Nicht selten geschieht es, dass der Bürger einer ihm gegenüber durch Verwaltungsakt ergangenen Verpflichtung nicht nachzukommen gedenkt. Wer trennt sich bspw. schon gerne von einer gerade erbauten Villa im Grünen? Erlässt die Verwaltung einen Verwaltungsakt und weigert sich der Bürger, eine darin enthaltene Verpflichtung zu befolgen, ist fraglich, wie die Verwaltung diese durchzusetzen vermag. Sie kann sich dazu des Instruments der Verwaltungsvollstreckung bedienen: Verwaltungsvollstreckung ist die zwangsweise Durchsetzung öffentlich-rechtlicher Verpflichtungen des Bürgers durch die Behörde in einem verwaltungseigenen Verfahren.

Für die Bundesverwaltung ist die Verwaltungsvollstreckung im „Verwaltungs-Vollstreckungsgesetz" (VwVG) – Sartorius Nr. 112 – bzw. im „Gesetz über den unmittelbaren Zwang bei Ausübung öffentlicher Gewalt durch Vollzugsbeamte des Bundes" (UZwG) geregelt. In den Bundesländern gelten jeweils eigene Verwaltungsvollstreckungsgesetze, die in ihren grundsätzlichen Strukturen mit dem Bundesgesetz übereinstimmen.

Zur Lösung von Fall 74: Da A dem Gebot, das Wochenendhäuschen abzureißen, nicht von alleine nachkommt, kann die Behörde es selbst vollstrecken. Sie kann beispielsweise einen Unternehmer mit dem Abbruch des Gebäudes beauftragen. Das Ganze nennt sich dann Ersatzvornahme. Zu den einzelnen Formen der Vollstreckung kommen wir gleich noch genauer.

An dieser Stelle erst noch eine allgemeine, nicht ganz einfache Frage: Können Sie sich vielleicht denken, was die Verwaltungsvollstreckung vom Normalfall der Durchsetzung von Ansprüchen (insbesondere der Bürger untereinander) unterscheidet?

Hat ein Bürger einen Anspruch gegen jemand anderen, so kann er diesen nicht selbst zwangsweise durchsetzen: Er muss sich vielmehr an die staatlichen Gerichte wenden, um auf diese Weise zu einem Vollstreckungstitel zu gelangen, der dann durch staatliche Organe (insbesondere Gerichtsvollzieher) zwangsweise durchgesetzt werden kann. Eine Behörde hingegen kann ihre Ansprüche selbst – also ohne Anrufung eines Gerichts – vollstrecken: Zwar benötigt auch sie einen Vollstreckungstitel; diesen kann sich die Behörde jedoch durch Erlass eines Verwaltungsakts selbst verschaffen.

Nun aber auf zu den verschiedenen Vollstreckungsarten:

Leitsatz 13

!

Arten der Verwaltungsvollstreckung

Im Rahmen der Verwaltungsvollstreckung sind im Hinblick auf den Vollstreckungsgegenstand zwei Formen zu unterscheiden:

1. Vollstreckung wegen Geldforderungen: §§ 1 – 5 VwVG

2. Vollstreckung zur Erzwingung von Handlungen, Duldungen oder Unterlassungen: §§ 6 – 18 VwVG

Vollstreckung wegen Geldforderungen

▇ Fall 75

Das städtische Wasserwerk in S setzt das Wassergeld als Gebühr durch Verwaltungsakt fest. A erhält am 15.10. einen Gebührenbescheid über 500 Euro, mit dem er zur Zahlung bis zum 22.10. aufgefordert wird. Der wasserscheue A, der sich aus Prinzip nur jedes halbe Jahr unter die Dusche traut, kann sich nicht vorstellen, soviel Wasser verbraucht zu haben. Auch auf eine neuerliche Mahnung des Wasserwerks reagiert er nicht. Sind die Voraussetzungen für eine Vollstreckung der Gebührenforderung gegeben?

Die Vollstreckung wegen öffentlich-rechtlicher Geldforderungen richtet sich nach den §§ 1 – 5 VwVG bzw. den entsprechenden landesrechtlichen Vorschriften. Öffentlich-rechtliche Geldforderungen sind vor allem Steuern, Gebühren und Beiträge. Das Vollstreckungsverfahren wird durch eine **Vollstreckungsanordnung** der Behörde, die den Zahlungsanspruch geltend machen kann, eingeleitet. Nachdem eine Vollstreckungsan

ordnung ergangen ist, kann der Geldbetrag beigetrieben werden. Dazu
Übersicht 16.

Übersicht 16: Voraussetzungen einer Vollstreckungs-anordnung

Eine Vollstreckungsanordnung, mit der die Vollstreckung wegen Geld-forderungen eingeleitet wird, setzt Folgendes voraus:

1. Ergehen eines Leistungsbescheids, durch den der Schuldner zur Lei-stung, also zur Begleichung der öffentlich-rechtlichen Geldforderung aufgefordert wird, § 3 II a) VwVG

2. Fälligkeit der Leistung, § 3 II b) VwVG

3. Ablauf einer einwöchigen Frist seit Bekanntgabe des Leistungsbe-scheids, § 3 II c) VwVG

4. besondere Mahnung des Schuldners vor Anordnung der Vollstre-ckung mit weiterer einwöchiger Zahlungsfrist („soll" erfolgen), § 3 III VwVG

Diese Voraussetzungen sind im **Beispielsfall 75** gegeben: Mit dem Ge-bührenbescheid ist ein Leistungsbescheid ergangen, die Zahlung des Wassergelds war fällig. Darüber hinaus war eine Woche seit Bekanntgabe des Leistungsbescheids verstrichen und zuletzt auch eine besondere Mah-nung mit erneuter Zahlungsaufforderung gegen A ergangen.

Die Gebührenforderung kann also vollstreckt werden. Wie die Forderung im Einzelnen vollstreckt wird, richtet sich dabei nach den Vorschriften der Abgabenordnung, siehe § 5 I VwVG. Weigert sich A standhaft, seine Rechnung zu begleichen, könnten bspw. Gegenstände, die sich in seinem Eigentum befinden, gepfändet und versteigert werden. Es würde aber zu weit führen, sich sämtliche dieser Vollstreckungsverfahren hier näher anzusehen. Verspüren Sie ein unbändiges Interesse an dieser Thematik, lesen Sie dazu den Kommentar von Sadler zum Verwaltungsvollstre-ckungsgesetz, § 5 VwVG.

Vollstreckung zur Erzwingung von Handlungen, Duldungen oder Unterlassungen

Gegenstand der Verwaltungsvollstreckung können auch Verwaltungsakte sein, die zu einer Handlung, Duldung oder Unterlassung verpflichten. Diese Form der Vollstreckung ist in den §§ 6-18 VwVG geregelt. Vollstreckbar sind dabei nur befehlende Verwaltungsakte (also solche, die ein Gebot oder Verbot enthalten), vgl. § 6 I VwVG. Sie dürfen darüber hinaus nur unter bestimmten Voraussetzungen vollstreckt werden (ebenfalls § 6 I VwVG): Entweder müssen sie unanfechtbar geworden sein. Das bedeutet, dass sie mit einem förmlichen Rechtsbehelf nicht mehr angegriffen werden können, beispielsweise weil die Widerspruchs- oder Klagfrist abgelaufen ist. Oder aber sie müssen gemäß den in § 80 II 1 Nr.1 – 4 VwGO – Sartorius Nr. 600 – genannten Fällen sofort vollziehbar sein.

Sind diese Voraussetzungen gegeben, kommen zur Durchsetzung des befehlenden Verwaltungsakts die in Übersicht 17 aufgeführten Zwangsmittel in Betracht.

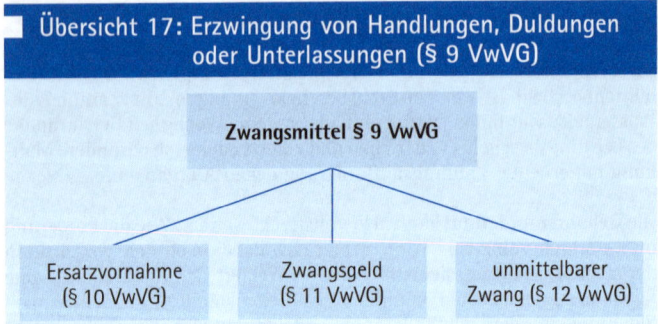

Übersicht 17: Erzwingung von Handlungen, Duldungen oder Unterlassungen (§ 9 VwVG)

Zwangsmittel § 9 VwVG

| Ersatzvornahme (§ 10 VwVG) | Zwangsgeld (§ 11 VwVG) | unmittelbarer Zwang (§ 12 VwVG) |

Ersatzvornahme

Fall 76

Wir kommen noch einmal zum Eingangsfall dieser Lektion zurück: A hatte für sein illegal errichtetes Wochenendhaus eine Abrissverfügung erhalten, sich aber geweigert, dieses abzureißen. Was kann die Behörde zur Durchsetzung der Abbruchverpflichtung tun?

Geht es um die Vollstreckung vertretbarer Handlungen, kommt als Zwangsmittel eine Ersatzvornahme in Betracht. Vertretbar ist eine Handlung, wenn sie auch von anderen Personen als dem Pflichtigen vorgenommen werden kann. Bei der Ersatzvornahme wird die vertretbare Handlung durch einen Dritten (i.d.R. einem Privatunternehmer) auf Kosten des Pflichtigen vorgenommen. Dazu schließt die Vollzugsbehörde (§ 7 VwVG) mit dem Dritten einen privatrechtlichen Vertrag.

Die Behörde kann in Fall 76 also einen Privatunternehmer mit dem Abbruch des Wochenendhauses beauftragen. Die dabei entstehenden Kosten kann sie von A ersetzt verlangen.

Kleine Fangfrage: Warum kann die Einberufung zum Wehrdienst nicht im Wege der Ersatzvornahme durchgesetzt werden?

Klar: Bei der Ableistung des Wehrdienstes handelt es sich nicht um eine vertretbare Handlung. Sie kann nicht von einer anderen Person, vielmehr nur vom Pflichtigen selbst vorgenommen werden.

Zwangsgeld

Fall 77

In Raisdorf grassiert eine bis dato völlig unbekannte Virusart. Die Gesundheitsbehörde gibt dem Bauern B auf, sich gegen den Krankheitserreger impfen zu lassen. B hat eine Heidenangst vor Nadeleinstichen und ist daher nicht gewillt, die Impfung gegen das Virus zu erdulden. Mit welchem Zwangsmittel könnte das Impfgebot durchgesetzt werden?

Sollen unvertretbare Handlungen, Duldungen oder Unterlassungen (also solche, die nicht durch einen anderen vorgenommen werden können) erzwungen werden, ist an das Zwangsgeld gemäß § 11 VwVG zu denken. Das Zwangsgeld ist keine Strafe, sondern Mittel zur Erzwingung künftigen Verhaltens. Der durchzusetzenden Verpflichtung soll durch das Zwangsgeld Nachdruck verliehen werden.

Zur Durchsetzung des Impfgebots aus Fall 77 kann folglich ein Zwangsgeld gegen B verhängt werden. Kommt B dem Impfgebot nicht nach, müsste er demzufolge einen bestimmten Geldbetrag leisten. Kann das Zwangsgeld nicht beigetrieben werden, kommt gemäß § 16 VwVG auch eine Inhaftierung des B in Betracht.

Unmittelbarer Zwang

◼ Fall 78

A hat sich vor dem Rathaus angekettet, um die in der Gemeinde neu eingeführte Wellensittichsteuer anzuprangern. Die Aufforderung des Bürgermeisters, sich zu entfernen, ignoriert A. Vom Bürgermeister herbeigerufene Polizeikräfte durchtrennen die Ketten und tragen A weg. Welches Zwangsmittel haben die Polizisten angewendet?

Als drittes Zwangsmittel neben Ersatzvornahme und Zwangsgeld kann zur Erzwingung einer Handlung, Duldung oder Unterlassung im Wege des unmittelbaren Zwangs vorgegangen werden (§ 12 VwVG). Unmittelbarer Zwang ist nach § 2 UZwG die Einwirkung auf Personen oder Sachen durch körperliche Gewalt, Hilfsmittel der körperlichen Gewalt (z.B. Fesseln, Diensthunde, Wasserwerferfahrzeuge) oder durch Waffen. Die Behörde kann den Pflichtigen zu der von ihm geforderten Handlung, Duldung oder Unterlassung zwingen (§ 12 Alt. 1 VwVG) oder aber die Handlung selbst vornehmen (§ 12 Alt. 2 VwVG).

Zur Lösung von Fall 78: Mit dem Wegtragen des A wurde dieser zu der von ihm geforderten Handlung, sich zu entfernen, gezwungen. Der unmittelbare Zwang ist das einschneidendste Zwangsmittel; er darf daher nur dann eingesetzt werden, wenn die anderen Zwangsmittel nicht zum Erfolg führen oder untunlich sind.

Vollstreckungsverfahren

◼ Fall 79

Ein letztes Mal zum Wochenendhäuschen des A: Die Behörde möchte die Abbruchverfügung im Wege der Ersatzvornahme vollstrecken, indem sie einen Privatunternehmer mit dem Abreißen beauftragt. Wie muss sie dabei vorgehen?

Bei der Vollstreckung im Wege von Ersatzvornahme, Zwangsgeld oder unmittelbarem Zwang muss die Behörde die in den §§ 13-15 VwVG enthaltenen Verfahrensvorschriften beachten. Die dort normierten strengen Verfahrensvorschriften dienen dem Schutz des Betroffenen.

Zurück zu Fall 79: Die Behörde muss dem A die Ersatzvornahme, also den Abriss des Gebäudes durch den Privatunternehmer, zunächst gemäß § 13 VwVG androhen. Kommt A seiner Verpflichtung innerhalb der in der Androhung bestimmten Frist nicht nach, so setzt die Behörde das Zwangsmittel „Ersatzvornahme" gemäß § 14 VwVG fest. Erst dann kann vollzogen werden, d.h. erst ab diesem Zeitpunkt kann der Privatunternehmer mit den Baggern anrücken und die Abrissverfügung nach § 15 VwVG vollziehen.

Leitsatz 14 fasst die dem Schutz des Betroffenen dienenden Vorschriften des Vollstreckungsverfahrens zusammen:

Leitsatz 14

!

Vollstreckungsverfahren
Das Vollstreckungsverfahren hat grundsätzlich in drei Stufen zu erfolgen (§§ 13-15 VwVG):

1. Androhung (§ 13 VwVG)

   Das Zwangsmittel ist zunächst schriftlich anzudrohen, wobei eine ausreichende Frist für die Erfüllung der dem Pflichtigen aufgegebenen Verpflichtung zu bestimmen ist.

2. Festsetzung (§ 14 VwVG)

   Bei fruchtlosem Ablauf der in der Androhung bestimmten Frist wird das Zwangsmittel festgesetzt; die Festsetzung muss der Androhung inhaltlich entsprechen.

3. Anwendung (§ 15 VwVG)

   Erst nach der Festsetzung darf das Zwangsmittel angewendet werden; ein etwaiger Widerstand des Betroffenen kann mit Gewalt gebrochen werden.

Sofortvollzug

Einen Spezialfall innerhalb der Verwaltungsvollstreckung bildet der Sofortvollzug:

■■■ Fall 80

B ist Tanklastfahrer und nach mehreren Doppelschichten bereits völlig übermüdet. Als er im Sekundenschlaf eine Kurve übersieht, stürzt der Tanklastwagen um: Heizöl fließt auf die Straße und in den Waldboden. Das Grundwasser droht, verseucht zu werden. B macht sich lieber aus dem Staub. Als die zuständige Behörde durch Autofahrer von dem Vorgang erfährt, lässt sie das Heizöl sofort durch einen Privatunternehmer abpumpen. Was fällt hier auf? Ist die Vollstreckung durch Beauftragung des Privatunternehmers in Ordnung?

Grundsätzlich bedarf es, wie oben erwähnt, für die Verwaltungsvollstreckung eines vollstreckbaren Verwaltungsakts. Hierzu bildet der Sofortvollzug eine Ausnahme. Er greift in Fällen, in denen der Erlass eines Verwaltungsakts plus ein dreistufiges Vollstreckungsverfahren gegenüber dem Verantwortlichen zu erheblichen Gefahren oder Schäden für Rechtsgüter führen können.

Geregelt ist der Sofortvollzug in § 6 II VwVG: Ausnahmsweise ist der Verwaltungszwang danach auch ohne Verwaltungsakt zulässig, nämlich wenn der sofortige Vollzug zur Verhinderung einer rechtswidrigen Tat, die einen Straf- oder Bußgeldtatbestand verwirklicht, oder zur Abwendung einer drohenden Gefahr notwendig ist und die Behörde hierbei innerhalb ihrer gesetzlichen Befugnisse handelt. Androhung und Festsetzung des Zwangsmittels entfallen beim Sofortvollzug (§§ 13 I, 14 Satz 2 VwVG).

Wegen der drohenden Grundwasserverseuchung konnte die zuständige Behörde in Beispielsfall 80 das Heizöl durch den Privatunternehmer abpumpen lassen, ohne dass zuvor ein Verwaltungsakt gegen den für die Gefahrenlage Verantwortlichen ergangen wäre. Auch Androhung und Festsetzung der Ersatzvornahme waren nicht erforderlich.

Leitsatz 15

Sofortiger Vollzug
Der sofortige Vollzug – teilweise auch als unmittelbare Ausführung bezeichnet – ist eine Form der Verwaltungsvollstreckung für besondere Gefahrenlagen, in denen schnell gehandelt werden muss. Sofortiger Vollzug bedeutet: Anwendung eines Zwangsmittels ohne Grundverfügung, Androhung und Festsetzung.

IV.   Die Haftung des Staates

Lektion 11: Amtshaftung

Das Staatshaftungsrecht befasst sich mit der Frage, was der Bürger unternehmen kann, wenn hoheitliches Verhalten für ihn zu Schäden oder sonstigen nachteiligen Folgen geführt hat. Ob und wie der Staat in diesen Fällen haftet, ergibt sich dabei aus unterschiedlichen, historisch aus mehreren Quellen gewachsenen Regelungen.

Schon 1981 unternahm der Bundesgesetzgeber einen Anlauf, die unübersichtliche Materie des Staatshaftungsrechts in einem Staatshaftungsgesetz einheitlich zu regeln. Diesem bereitete das Bundesverfassungsgericht jedoch ein unrühmliches Ende, indem es das Staatshaftungsgesetz wegen fehlender Gesetzgebungskompetenz des Bundes für nichtig erklärte. Zwar ist in Art. 74 I Nr. 25 GG (sehen Sie einmal rein!) mittlerweile eine derartige Gesetzgebungskompetenz des Bundes eingefügt worden. Nachfolgende Reformbemühungen scheiterten bislang jedoch vor allem am Widerstand der Finanzminister, die weitere finanzielle Belastungen fürchteten.

Zwar werden Sie daher nicht umhinkommen, sich im Bereich des Staatshaftungsrechts mit wenig systematischen, zersplitterten Regelungen auseinandersetzen zu müssen. Doch lassen sich zumindest drei Schwerpunkte unterscheiden, nämlich die Haftung für Pflichtverletzungen (Amtshaftung), die sog. Entschädigungsansprüche sowie die Beseitigung von Folgen rechtswidriger staatlicher Eingriffe.

Leitsatz 16

Inhalt des Staatshaftungsrechts
Im Staatshaftungsrecht geht es im Wesentlichen um folgende Bereiche:

1. Amtshaftung

2. Entschädigungsansprüche

3. Beseitigung von Folgen rechtswidrigen staatlichen Verhaltens

▮▮ Fall 81

Polizist P befindet sich auf Streifenfahrt, ist in Gedanken aber schon beim romantischen Candlelight-Dinner, dass seine Freundin ihm für den Feierabend versprochen hat. Die innig geliebten Königsberger Klopse vor Augen, übersieht P an einer Kreuzung den vorfahrtberechtigten A und kollidiert mit diesem. Hat A einen Anspruch auf Ersatz des ihm entstandenen Schadens? Gegen wen?

Den Kernbereich des Staatshaftungsrechts bildet die staatliche Haftung für rechtswidriges schuldhaftes Verhalten eines Beamten oder anderen öffentlichen Bediensteten. Wichtigste Vorschriften in diesem Bereich sind § 839 BGB und Art. 34 GG. Sie bilden heute zusammen die Anspruchs-grundlage für den Amtshaftungsanspruch.

Ursprünglich gab es nur die Vorschrift des § 839 BGB. Falls Sie ein BGB gerade nicht dabei haben, nicht verzweifeln; § 839 I 1 BGB lautet: „Verletzt ein Beamter vorsätzlich oder fahrlässig die ihm einem Dritten gegenüber obliegende Amtspflicht, so hat er dem Dritten den daraus entstehenden Schaden zu ersetzen." Der Beamte haftete nach § 839 BGB also persönlich für Schäden, die er einem Dritten durch schuldhafte Verletzung seiner Amtspflichten zufügte.

Durch Einfügung des Art. 34 in das GG wurde diese Haftung in zweierlei Hinsicht modifiziert: Zum einen spricht Art. 34 von „jemand" (in Ausübung eines öffentlichen Amtes), d.h. er beschränkt den Amtshaftungsanspruch nicht wie § 839 BGB auf das schuldhafte Handeln eines „Beamten". Zum anderen leitet Art. 34 GG die Haftung für die Pflichtverletzung auf den Staat über. Der Staat haftet also anstelle des Amtswalters.

Kurze Zwischenfrage: Können Sie sich vorstellen, warum die Haftung des Amtswalters auf den Staat übergeleitet wird? Was soll die Regelung des Art. 34 GG eigentlich bewirken?

Der Sinn des Art. 34 GG besteht darin, dem Geschädigten mit dem Staat einen zahlungskräftigen Schuldner zu verschaffen. Zudem soll er die Entscheidungsfreude des Amtswalters stärken, der dem Dritten nicht persönlich für sein hoheitliches Handeln haftet.

Welche Anforderungen stellen § 839 BGB, Art. 34 GG aber genau an das Vorliegen eines Amtshaftungsanspruchs? Unter den vier in Übersicht 18 dargestellten Voraussetzungen, die wir uns im folgenden ebenso detailliert wie genüsslich zu Gemüte führen werden, besteht ein Anspruch des Bürgers auf Ersatz des ihm bei einer Amtspflichtverletzung entstandenen Schadens:

> ## Übersicht 18: Voraussetzungen und Rechtsfolge eines Amtshaftungsanspruchs gemäß Art. 34 GG, § 839 BGB
>
> ### I. Voraussetzungen
> 1. Handeln in Ausübung eines anvertrauten öffentlichen Amtes
> 2. Verletzung einer drittbezogenen Amtspflicht
> 3. Verschulden
> 4. kein Haftungsausschluss
>
> ### II. Rechtsfolge: Schadensersatz

Diese vier Anforderungen wollen wir schon einmal kurz für Fall 81 durchgehen, bevor wir uns ihnen im Einzelnen widmen: Polizist P, ein Beamter, befand sich auf Streifenfahrt, übte mithin das ihm anvertraute öffentliche Amt aus. Indem er das Fahrzeug des A beschädigte, verletzte er eine ihm obliegende Amtspflicht, nämlich Eigentumsbeeinträchtigungen Dritter zu unterlassen. Die Beschädigung des Wagens geschah dabei aus Unachtsamkeit, also fahrlässig. Haftungsausschlüsse greifen nicht ein. A kann daher Schadensersatz verlangen, und zwar vom Land: Auf dieses wird die Haftung gemäß Art. 34 GG übergeleitet.

Zu den Voraussetzungen eines Amtshaftungsanspruchs im Einzelnen:

Handeln in Ausübung eines anvertrauten öffentlichen Amtes

Fall 82

Mit Stolz macht sich S an seine verantwortungsvolle neue Aufgabe als Schülerlotse. Gleich am zweiten Tag jedoch unterläuft ihm ein Malheur: Er gibt den Verkehr frei, obwohl Erstklässler E sich noch auf der Straße befindet. Bei dem Versuch, dem E auszuweichen, stürzt Radfahrer F und zieht sich dabei eine Knieverletzung zu. Hat F einen Amtshaftungsanspruch?

Die Amtshaftung gemäß § 839 BGB, Art. 34 GG greift ein, wenn ein anvertrautes öffentliches Amt ausgeübt, d.h. hoheitlich gehandelt wird. Bei privatrechtlichem Handeln scheidet ein Amtshaftungsanspruch aus.

Wir waren schon darauf zu sprechen gekommen, dass § 839 BGB insoweit zwar von „Beamter" redet, jedoch durch Art. 34 GG („jemand") modifiziert wird. Der Amtshaftungsanspruch gilt daher nicht nur für das Handeln von Beamten, sondern einer jeden Person, die hoheitlich tätig wird. Der Amtshaftungsanspruch gelangt auch bei schuldhaften Pflichtverletzungen von Angestellten und Arbeitern des öffentlichen Dienstes, Ministern, Beliehenen etc. zur Anwendung. Maßgebend ist allein, ob öffentlich-rechtliches Handeln vorliegt, auf die statusrechtliche Stellung des Handelnden kommt es nicht an.

Im Beispielsfall 82 hat Schülerlotse S als Verwaltungshelfer gehandelt. Verwaltungshelfer sind Personen, die eine Behörde bei der Erfüllung ihrer Aufgaben unterstützen. Ihr Handeln wird der Behörde zugerechnet. Aufgrund der Pflichtverletzung des S hat F daher einen Anspruch auf Schadensersatz aus Amtshaftung.

▇▇ Fall 83

A hat seinen Wagen direkt vor einer Bürgersteigabsenkung abgestellt, die alten Leuten den Zugang zum dahinter liegenden Marktplatz erleichtern soll. Erbost melden diese sich bei der Polizei, die Abschleppunternehmer U mit dem Entfernen des Wagens beauftragt. U beschädigt beim Abschleppen ausgerechnet das neben dem des A stehende Fahrzeug von Oma O, die sich am lautstärksten beschwert hatte. Amtshaftungsanspruch der O?

Selbst behördlich beauftragte Privatunternehmer können „in Ausübung eines öffentlichen Amtes" handeln: Die Behörde soll sich der Amtshaftung nicht dadurch entziehen können, dass sie eine Aufgabe einem Privaten überträgt. Ein Anspruch aus Amtshaftung kommt dabei umso eher in Betracht, je stärker der hoheitliche Charakter der Aufgabe und je begrenzter der Entscheidungsspielraum des Unternehmers ist.

In Fall 83 handelte es sich um eine ausschließlich hoheitliche Aufgabe, nämlich für ungehinderten Zugang zum Marktplatz zu sorgen. Ein eigener Entscheidungsspielraum stand Unternehmer U bei der Ausführung der Aufgabe nicht zu. O kann daher einen Amtshaftungsanspruch gegen den Staat geltend machen.

▬ Fall 84

Polizist P hat schon jahrelanges Antikmarktabklappern hinter sich, seine Traumstatue eines wasserspeienden Ameisenbären aus der Schingling-Dynastie jedoch nie gefunden. Bei einer Hausdurchsuchung in der Wohnung des Drogendealers D entdeckt er sie plötzlich auf einer schäbigen Jugendstilschrankkopie, wirft alle guten Vorsätze über Bord und nimmt sie heimlich an sich. Handelte er in Ausübung eines öffentlichen Amtes?

Die Pflichtverletzung muss „in Ausübung" eines öffentlichen Amtes geschehen. Das bedeutet, dass ein äußerer und innerer Zusammenhang mit der Amtsausübung bestehen muss. Die schädigende Handlung darf nicht nur bei Gelegenheit oder anlässlich der hoheitlichen Tätigkeit vorgenommen werden.

Polizist P hat in Fall 84 lediglich die günstige Gelegenheit wahrgenommen und die begehrte Statue anlässlich der Hausdurchsuchung an sich genommen; „in Ausübung" seines öffentlichen Amtes handelte er dabei nicht. Anders wäre es z.B. gewesen, wenn er die Statue aus Unvorsichtigkeit während der Hausdurchsuchung umgeworfen hätte.

Verletzung der einem Dritten gegenüber obliegenden Amtspflicht

▬ Fall 85

Die Bauaufsichtsbehörde genehmigt den Bau eines Hochhauses, obwohl die Pläne einen Statikfehler aufweisen. Das Bauwerk bricht kurz darauf zusammen. Glücklicherweise befand sich niemand im Gebäude, doch wird Passant A von herabstürzenden Ziegelsteinen getroffen und verletzt. Anspruch des A aus Amtshaftung?

Zweite Voraussetzung eines Amtshaftungsanspruchs ist die Verletzung einer drittbezogenen Amtspflicht. Eine Amtspflicht ist jede persönliche Verhaltenspflicht des Amtsträgers im Hinblick auf seine Amtsführung. So hat er bspw. die ihm obliegenden Aufgaben rechtmäßig zu erfüllen, muss also etwa die Zuständigkeitsgrenzen einhalten, den Verhältnismäßigkeitsgrundsatz beachten etc. Weiterhin darf er keine unerlaubten Handlungen begehen, also absolut geschützte Rechte der Bürger (Eigentum, Gesundheit etc.) nicht verletzen. Die verletzte Amtspflicht muss darüber hinaus **gegenüber dem geschädigten Dritten** bestehen. Das bedeutet, dass sie nicht ausschließlich den Interessen der Allgemeinheit zu dienen bestimmt sein darf.

Zur Lösung von **Beispielsfall 85**: Die Überprüfung der statischen Berechnungen vor Erteilung einer Baugenehmigung dient der Gewährleistung der Standsicherheit des Bauwerks. Sie soll alle, die durch die fehlende Standsicherheit eines Gebäudes gefährdet werden, vor Schäden bewahren. Die Amtspflicht, nur statisch sichere Bauwerke zu errichten, besteht also auch gegenüber Dritten, die durch ihre Verletzung an Gesundheit oder Eigentum geschädigt werden. A kann mithin Schadensersatz wegen Amtshaftung beanspruchen.

■ Fall 86

Die Kfz-Zulassungsstelle trägt das Erstzulassungsdatum des Wagens des V falsch ein. V veräußert sein Gefährt, Käufer K macht den Kaufvertrag jedoch wegen der Falscheintragung später rückgängig. V möchte den ihm dadurch entgangenen Gewinn (K hatte einen völlig überhöhten Preis gezahlt) gerne ersetzt bekommen. Hat er einen Amtshaftungsanspruch wegen der Falscheintragung des Erstzulassungsdatums?

Nein. Die Amtspflicht der Zulassungsstelle, das Datum der Erstzulassung korrekt einzutragen, besteht ausschließlich im öffentlichen Interesse. Sie soll nicht etwa Käufer oder Verkäufer eines Kraftfahrzeugs vor Schäden schützen.

Verschulden

■ Fall 87

Kriminalhauptkommissar K reinigt seine Dienstwaffe entgegen den ihm bekannten Dienstvorschriften im öffentlich zugänglichen Aufenthaltsraum. Es löst sich ein Schuss, durch den der Besucher B verletzt wird. Hat K schuldhaft gehandelt?

Der Amtshaftungsanspruch setzt die schuldhafte Verletzung einer Amtspflicht voraus: Gemäß § 839 I 1 BGB muss sie „vorsätzlich oder fahrlässig" erfolgen. **Vorsätzlich** handelt der Amtswalter, wenn er zumindest billigend in Kauf nimmt, gegen eine Amtspflicht zu verstoßen.

Fahrlässigkeit liegt vor, wenn das amtspflichtwidrige Verhalten nicht der gebotenen behördlichen Sorgfalt entspricht.

K hat in Fall 87 sogar vorsätzlich gehandelt: Er kannte die Dienstvorschriften, die die Reinigung von Dienstwaffen im Aufenthaltsraum untersagten. Es handelt sich damit vorliegend um eine schuldhafte Amtspflichtverletzung.

Kein Haftungsausschluss

■■■ Fall 88

Beamter B erteilt rechtswidrigerweise eine Baugenehmigung, da er fahrlässig übersieht, dass das Grundstück aus planungsrechtlichen Gründen nicht bebaut werden darf. Dies hatte Architekt A des Bauherrn Q ebenso übersehen. Nachdem das Gebäude bereits fertiggestellt ist, fällt der Fehler auf. Die Baugenehmigung wird aufgehoben und eine Abrissverfügung erlassen. Q möchte den durch den Abriss entstandenen Schaden ersetzt haben. Kann er vom Land Schadensersatz verlangen?

In § 839 I 2 BGB ist eine Klausel enthalten, die den Amtshaftungsanspruch in bestimmten Fällen entfallen lässt: „Fällt dem Beamten nur Fahrlässigkeit zur Last, so kann er nur dann in Anspruch genommen werden, wenn der Verletzte nicht auf andere Weise Ersatz zu erlangen vermag." Ein Amtshaftungsanspruch besteht demzufolge nicht, wenn der Amtsträger nur fahrlässig gehandelt und der Geschädigte von einem Dritten Schadensersatz verlangen kann.

Dies ist in Fall 88 gegeben: Q hat aufgrund des Planungsfehlers einen vertraglichen Schadensersatzanspruch gegen seinen Architekten A. Beamter B hat lediglich fahrlässig gehandelt. Der ansonsten auch gegen den Staat bestehende Amtshaftungsanspruch gemäß § 839 BGB, Art. 34 GG entfällt daher wegen der Subsidiaritätsklausel des § 839 I 2 BGB.

Beachten Sie bitte hierzu: Die Subsidiaritätsklausel des § 839 I 2 BGB greift dann nicht ein, wenn die anderweitige Ersatzmöglichkeit auf der Aufwendung eigener Mittel beruht. Bei fahrlässiger Verursachung eines Verkehrsunfalls durch einen Amtsträger wie in Fall 81 entfällt der Amtshaftungsanspruch also nicht etwa aufgrund dessen, dass der Geschädigte über eine Kaskoversicherung verfügt. Sinn des § 839 I 2

BGB ist es nämlich nicht, den Staat in diesen Fällen von einer Haftung freizustellen.

Rechtsfolge: Schadensersatz

▰▰ Fall 89

Durch einen von Polizist P aus Unachtsamkeit verursachten Verkehrsunfall wird nicht nur das Fahrzeug des A beschädigt. Vielmehr erleidet er auch Verletzungen, die ihm dauerhafte Schmerzen im Nackenbereich bereiten. Kann A auch für seinen Schmerz Ersatz verlangen?

Durch die Amtspflichtverletzung muss ein Schaden verursacht worden sein. Für den Umfang des Schadensersatzes sind dabei die Vorschriften des BGB (§§ 249 ff.) maßgeblich. Der Anspruch umfasst daher auch einen etwaig entgangenen Gewinn (§ 252 BGB) sowie Schmerzensgeld gemäß § 253 II BGB.

A kann also im **Beispielsfall 89** neben dem Schadensersatz für Heilbehandlungskosten und Reparatur des Wagens ein angemessenes Schmerzensgeld vom Land fordern.

Zu guter Letzt: Lassen Sie vor Ihrem geistigen Auge nochmals die vier Voraussetzungen des Amtshaftungsanspruchs vorüberziehen! Können Sie sich für jede Voraussetzung noch an ein Beispiel erinnern?

Lektion 12: Entschädigungsansprüche

◼◼◼ Fall 90

Die neue Autobahn A 180, ein Lieblingsprojekt des Ministerpräsidenten von L, soll mehrere Großstädte miteinander verbinden. Unglücklicherweise befindet sich eine Kleingartensiedlung direkt auf der geplanten Route. Kleingärtner K weigert sich standhaft, von seinen prächtig gedeihenden Wildrosen Abschied zu nehmen. Er wird daraufhin gemäß § 19 FStrG (Sartorius Nr. 932) enteignet. Ihm wird jedoch eine angemessene Entschädigung ausgezahlt. Was unterscheidet die Entschädigungsansprüche von den Schadensersatzansprüchen wegen Amtshaftung?

Die eben behandelten Schadensersatzansprüche wegen Amtshaftung resultieren aus der Rechtswidrigkeit staatlichen Verhaltens. Entschädigungsansprüche hingegen verfolgen einen anderen Zweck: Sie sollen dem Bürger Nachteile bei schweren, zu Gunsten der Allgemeinheit vorgenommenen Eingriffen in seine Rechtsgüter ausgleichen. Sehr deutlich wird dies bei der Enteignung, bei der dem einzelnen Bürger – wie im Beispielsfall 90 dem K – aus Gemeinwohlgründen (etwa für den Bau der A 180) Eigentum entzogen wird.

Entschädigungsansprüche beruhen damit auf dem allgemeinen Aufopferungsgedanken: Danach muss der Staat denjenigen entschädigen, dem zum Wohl der Allgemeinheit durch den Staat ein Sonderopfer auferlegt wird. Schon die alten Preußen haben sich hierüber so ihre Gedanken gemacht. Die §§ 74, 75 der Einleitung zum Preußischen Allgemeinen Landrecht von 1794 (EinlALR) lauten folgendermaßen: § 74: „Einzelne Rechte und Vorteile der Mitglieder des Staates muessen den Rechten und Pflichten zur Befoerderung des gemeinschaftlichen Wohls, wenn zwischen beiden ein wirklicher Widerspruch (Collision) eintritt, nachstehn." § 75: „Dagegen ist der Staat denjenigen, welcher seine besonderen Rechte und Vortheile dem Wohle des gemeinen Wesens aufzuopfern genoetigt wird, zu entschaedigen gehalten."

Gerade bei den Entschädigungsansprüchen haben Gesetzgebung und Rechtsprechung seitdem eine Entwicklung genommen, die Materie und Begrifflichkeiten als besonders unübersichtlich und ungeordnet erscheinen lässt. Merkt man sich aber, wie die einzelnen Anspruchsarten voneinander abzugrenzen sind, welche Fälle also vom jeweiligen Anspruch erfasst werden, dann erschließt sich die Systematik. Dazu einen ersten Überblick in Übersicht 19.

Übersicht 19: Arten von Entschädigungsansprüchen

Entschädigungsansprüche können aufgrund folgender staatlicher Akte bestehen:

1. **Enteignung**: finaler hoheitlicher Entzug von Eigentum

2. **ausgleichspflichtige Inhaltsbestimmung**: bei unverhältnismäßigem Eigentumseingriff aufgrund abstrakt-genereller Regelungen

3. **Enteignungsgleicher Eingriff**: aus rechtswidrigem Hoheitshandeln resultierende Eigentumsbeeinträchtigung

4. **Enteignender Eingriff**: Eigentumsverletzung als unbeabsichtigte Nebenfolge rechtmäßigen Verwaltungshandelns

5. **Aufopferung**: hoheitlicher Eingriff in Leben, Gesundheit oder Freiheit

Es fällt insoweit bereits ins Auge, dass die Nummern eins bis vier jeweils staatliche Eingriffe in das Eigentum, die Nummer fünf (Aufopferung) hingegen Verletzungen anderer Rechtsgüter betrifft.

Und weiter geht's mit den einzelnen Anspruchsarten:

Entschädigungsanspruch wegen Enteignung

▮▮ Fall 91

Landwirt L hängt an seinem Bauernhof, den er liebevoll „Hacienda Dulce" zu nennen pflegt. Die Bebauung des naheliegenden Städtchens ist mittlerweile jedoch soweit vorangeschritten, dass der Hof des L vollständig von Wohngebäuden umgeben ist. Die Gemeinde weist den Ortsteil in einem Bebauungsplan als reines Wohngebiet aus. Auch auf dem Grundstück des L sollen nach ihrem Willen Wohngebäude stehen. Sie macht dem L ein angemessenes Kaufangebot, das L jedoch harsch zurückweist. Daraufhin enteignet sie das Grundstück gemäß §§ 85 I Nr.1, 86 I Nr.1 BauGB (Sartorius Nr. 300). Kann L Entschädigung verlangen?

Lesen Sie bitte zunächst einmal Art. 14 GG. Sein Absatz 3 enthält eine recht ausführliche Regelung zu den Voraussetzungen einer Enteignungsentschädigung. Das Schema für die Prüfung eines Entschädigungsanspruchs wegen Enteignung gibt Übersicht 20 wieder.

Übersicht 20: Entschädigungsanspruch wegen Enteignung

I. **Anspruchsgrundlage**: Spezialgesetz im Sinne von Art. 14 III 2 GG
II. **Voraussetzungen**

  1. Enteignung: Entziehung von Eigentum durch finalen hoheitlichen Eingriff

  2. Rechtmäßigkeit der Enteignung

    a. gesetzliche Entschädigungsregelung (Junktimklausel) im Sinne von Art. 14 III 2 GG
    b. Gemeinwohlerfordernis
    c. Verhältnismäßigkeit des Eingriffs

III. **Rechtsfolge**: Entschädigung nach Spezialgesetz

Zunächst brauchen wir also eine gesetzliche Anspruchsgrundlage für die Entschädigung, wie sie von Art. 14 III 2 GG gefordert wird. Grundlage für einen Anspruch des L ist in unserem Fall § 93 BauGB (Sartorius Nr. 300).

Erste Voraussetzung für den Entschädigungsanspruch ist sodann das Vorliegen einer Enteignung. Eine Enteignung ist die durch gezielten hoheitlichen Rechtsakt erfolgende Entziehung von Eigentum. Der Begriff des Eigentums im Sinne von Art. 14 I 1 GG umfasst dabei grundsätzlich jedes vermögenswerte Recht: Eigentum an Grundstücken, Eigentum an beweglichen Sachen, schuldrechtliche Forderungen, Aktien, Urheberrechte etc. Klar, dass das Grundstück des L darunter fällt.

Des Weiteren muss es sich bei der Entziehung des Eigentums um einen gezielten hoheitlichen Rechtsakt handeln. Zu unterscheiden sind insoweit die Administrativenteignung durch die Verwaltung („aufgrund Gesetzes", vgl. Art. 14 III 2 GG) bzw. die durch den Gesetzgeber selbst vorgenommene sog. Legalenteignung („durch Gesetz"). In unserem Fall hat – wie in aller Regel – die Verwaltung die Enteignung des L „aufgrund

Gesetzes", nämlich der Vorschriften der §§ 85 ff. BauGB, vorgenommen. Eine Enteignung (in Form der Administrativenteignung) liegt also vor.

Damit ein Entschädigungsanspruch besteht, muss die Enteignung weiterhin rechtmäßig erfolgt sein. War sie rechtswidrig, muss sich der Betroffene um ihre Aufhebung bemühen. Er kann sie dann nicht etwa dulden und anschließend Entschädigung verlangen. Drei Anforderungen sind insofern zu beachten: Zum einen muss die Enteignungsentschädigung gemäß Art. 14 III 2 GG in einem Gesetz geregelt sein. Nach Art. 14 III 1 GG ist die Enteignung darüber hinaus nur zum Wohl der Allgemeinheit zulässig (also nicht, wenn sie ausschließlich Privatinteressen dient). Schließlich muss die Enteignung verhältnismäßig erfolgt sein, d.h. es darf insbesondere kein milderes Mittel als der Eigentumsentzug in Betracht kommen.

Zurück zu Fall 91: Die Enteignung erfolgte auch rechtmäßig. §§ 93 ff. BauGB regeln die Enteignungsentschädigung. Die Enteignung diente Gemeinwohlinteressen, nämlich der einheitlichen Bebauung des Ortsteils mit Wohngebäuden. Auch die Verhältnismäßigkeit wurde gewahrt. Der Kauf des Hofs zu einem angemessenen Preis wäre zwar ein milderes Mittel gewesen; dies schlug L jedoch aus. Die Voraussetzungen für einen Anspruch wegen Enteignung liegen mithin vor.

Rechtsfolge: L kann eine Entschädigung verlangen. Geltend machen kann er sie im Streitfall gemäß Art. 14 III 3 GG vor den Zivilgerichten. Inhalt und Höhe des Entschädigungsanspruchs ergeben sich dabei aus den §§ 93 ff. BauGB.

Entschädigungsanspruch wegen ausgleichspflichtiger Inhaltsbestimmung

▮ Fall 92

Laut gesetzlicher Regelung muss jeder Verleger von jedem publizierten Buch ein Belegstück (Pflichtexemplar) an eine bestimmte staatliche Bibliothek abgeben. V stellt in seinem Selbstverlag in Leipzig bibliophile Kostbarkeiten her, die in einer Auflage von 30 Exemplaren und zu einem Preis von 1800 Euro pro Stück erscheinen sollen. Muss er für das an die öffentliche Bücherei abzugebende Buch entschädigt werden?

Nach Art. 14 I 2 GG werden Inhalt und Schranken des Eigentums durch die Gesetze bestimmt. Solche Inhalts- und Schrankenbestimmungen legen anders als die konkret-individuell wirkende Enteignung abstrakt-generell Rechte und Pflichten im Hinblick auf das Eigentum fest. So hat der Gesetzgeber beispielsweise in § 1a IV Nr.2 WHG (Sartorius Nr. 845) bestimmt, dass das Grundeigentum nicht zum Ausbau eines oberirdischen Gewässers berechtigt. Jeder Grundeigentümer, auf dessen Gelände sich ein Teich, See etc. befindet, kann diese Gewässer folglich nicht ohne weiteres ausbauen.

Grundsätzlich sind derartige Inhalts- und Schrankenbestimmungen entschädigungslos hinzunehmen. Der Gesetzgeber muss jedoch bei ihrem Erlass den Grundsatz der Verhältnismäßigkeit beachten. Wenn die Inhaltsbestimmung den Betroffenen in einer Weise belastet, die auch unter Berücksichtigung der Sozialgebundenheit des Eigentums unzumutbar erscheint, so ist sie als unverhältnismäßig und damit verfassungswidrig anzusehen. Diese Unverhältnismäßigkeit kann der Gesetzgeber dadurch vermeiden, dass er dem Belasteten zum Ausgleich eine Entschädigung gewährt: Das Ganze nennt sich dann „ausgleichspflichtige" Inhaltsbestimmung.

Die Abgabepflicht von Büchern an öffentliche Bibliotheken aus dem Ausgangsfall 92 stellt als abstrakt-generelle Regelung des Eigentums eine Inhalts- und Schrankenbestimmung dar. V ist durch sie jedoch gegenüber den Verlegern, die Bücher in Massenproduktion herstellen, unverhältnismäßig belastet. In der gesetzlichen Regelung über die Abgabepflicht muss daher zwecks Wahrung der Verfassungsmäßigkeit für die Abgabe besonders wertvoller Bücher eine Geldausgleichsleistung vorgesehen sein. Aufgrund dieser ausgleichspflichtigen Inhaltsbestimmung kann V einen angemessenen Ausgleich für den durch die Abgabepflicht verursachten wirtschaftlichen Nachteil verlangen.

Entschädigungsanspruch wegen enteignungsgleichen Eingriffs

▬▬ Fall 93

B erhält eine Abrissverfügung für sein Landschlösschen, obwohl er dieses aufgrund einer wirksamen Baugenehmigung errichtet hat und es zu den geltenden baurechtlichen Vorschriften gar nicht in Widerspruch steht. Erst nach Abriss des Bauwerks macht ihm ein rechtskundiger Bekannter klar, dass die Abrissverfügung rechtswidrig war. B will nunmehr entschädigt werden. Hat er einen Anspruch?

Auch bei den sogenannten enteignungsgleichen Eingriffen muss der Staat eine Entschädigung leisten. Ein enteignungsgleicher Eingriff liegt vor bei Eigentumsbeeinträchtigungen, die unmittelbar aus einem **rechtswidrigen** hoheitlichen Verhalten resultieren. Dazu **Übersicht 21**.

■ Übersicht 21: Entschädigungsanspruch wegen enteignungsgleichen Eingriffs

I. **Rechtsgrundlage**: gewohnheitsrechtlich geltender Aufopferungsgrundsatz der §§ 74, 75 EinlALR

II. **Voraussetzungen**

  1. Eingriffsobjekt: Eigentum im Sinne von Art. 14 I GG

  2. unmittelbarer hoheitlicher Eingriff

  3. Rechtswidrigkeit des Eingriffs

  4. Sonderopfer

  5. kein Ausschluss des Anspruchs analog § 254 BGB („Mitverschulden")

III. **Rechtsfolge**: angemessene Entschädigung

Rechtsgrundlage für einen Entschädigungsanspruch aus enteignungsgleichem Eingriff ist der schon in den §§ 74, 75 EinlALR (s.o.) enthaltene gewohnheitsrechtliche Aufopferungsgedanke: Grundsätzlich geht „Gemeinnutz vor Eigennutz", es ist jedoch im Fall der hoheitlichen Durchsetzung öffentlicher Interessen zu Lasten privater Rechtsgüter dem besonders Belasteten eine Entschädigung zu gewähren.

Eingriffsobjekt ist wie bei der Enteignung das **Eigentum** im Sinne von Art. 14 I GG, d.h. jede vermögenswerte Rechtsposition. In dieses muss **unmittelbar hoheitlich eingegriffen** worden sein. Unmittelbar ist der Eingriff, wenn sich ein mit dem Verwaltungshandeln typischerweise verbundenes Risiko in der Eigentumsbeeinträchtigung niedergeschlagen hat.

Das eigentumsbeeinträchtigende hoheitliche Handeln muss **rechtswidrig** gewesen sein. Dadurch unterscheidet sich der enteignungsgleiche Eingriff von der Enteignung und dem enteignendem Eingriff, zu dem wir gleich noch kommen werden.

Schließlich kann der Anspruch auf Entschädigung analog § 254 BGB (sog. „Mitverschulden") entfallen, wenn es der Geschädigte versäumt hat, sich zur Schadensabwendung zunächst einmal um Aufhebung des rechtswidrigen Hoheitshandelns zu bemühen.

Auf Fall 93 bezogen sieht das so aus: Durch die Abrissverfügung wurde in das Eigentum des B an seinem Schlösschen unmittelbar eingegriffen. Der Eingriff war rechtswidrig, da B das Schlösschen aufgrund einer gültigen Baugenehmigung errichtet hatte und insofern ohnehin kein Widerspruch zu baurechtlichen Vorschriften bestand. Dem B kann jedoch vorgehalten werden, dass er gegen die rechtswidrige Abrissverfügung nicht vorgegangen ist. Er hätte sich – mit Widerspruch und Anfechtungsklage – um deren Aufhebung bemühen müssen, anstatt das Gebäude abzureißen und daraufhin eine Entschädigung zu verlangen. Sein Anspruch entfällt wegen Mitverschuldens (analog § 254 BGB).

▮▮ Fall 94

Die Kriminalpolizei Sachsenhausen stellt das Kfz des F rechtswidrigerweise sicher und nimmt es in Verwahrung. Nachts dringen unbekannte Täter in die Verwahrhalle ein und randalieren dort. Dabei wird auch das Fahrzeug des F beschädigt. Hat F einen Entschädigungsanspruch aus enteignungsgleichem Eingriff? Woran könnte es hier fehlen?

Wie gerade erwähnt, ist der hoheitliche Eingriff nur dann unmittelbar, wenn sich ein mit dem Verwaltungshandeln typischerweise verbundenes Risiko in der Eigentumsbeeinträchtigung niedergeschlagen hat. Das ist im Beispiel 94 nicht gegeben: Bei Sicherstellung und Verwahrung eines Fahrzeugs durch die Verwaltung kann in aller Regel davon ausgegangen werden, dass dieses nicht durch nächtliche Randalebrüder beschädigt wird.

Entschädigungsanspruch wegen enteignenden Eingriffs

▮▮ Fall 95

Die von einer ordnungsgemäß betriebenen kommunalen Anlage zur Lagerung und Behandlung von Abfällen angelockten Krähen und Möwen

richten auf den benachbarten Äckern des Landwirts L Totalschäden an
der Saat an. L verlangt Entschädigung. Zu Recht?

Ein Entschädigungsanspruch kann auch aufgrund sogenannten „ent-
eignenden" Eingriffs bestehen: Ein enteignender Eingriff liegt vor bei
Eigentumsverletzungen, die unmittelbare, aber unbeabsichtigte und
atypische Nebenfolge rechtmäßigen Verwaltungshandelns sind. Dazu
die gewohnte Übersicht (Nr.22):

Übersicht 22: Entschädigungsanspruch wegen enteignenden Eingriffs

I. **Rechtsgrundlage**: gewohnheitsrechtlich geltender Aufopferungsgrundsatz der §§ 74, 75 EinlALR

II. **Voraussetzungen**

  1. Eingriffsobjekt: Eigentum im Sinne von Art. 14 I GG

  2. unmittelbarer hoheitlicher Eingriff

  3. Eingriff als unbeabsichtigte schädigende Nebenfolge rechtmäßigen
Hoheitshandelns

  4. Sonderopfer

  5. kein Ausschluss des Anspruchs analog § 254 BGB („Mitverschulden")

III. **Rechtsfolge**: angemessene Entschädigung

Rechtsgrundlage auch für den Entschädigungsanspruch wegen enteig-
nenden Eingriffs ist der gewohnheitsrechtlich geltende Aufopferungsgedanke der §§ 74, 75 EinlALR.

Es muss ein **unmittelbarer hoheitlicher Eingriff** in eine vermögenswerte
Rechtsposition im Sinne von Art. 14 I 1 GG stattgefunden haben. Der
Eingriff muss sich dabei als **unbeabsichtigte, schädigende Nebenfolge
rechtmäßigen hoheitlichen Handelns** darstellen. Darin liegt der Unterschied zum enteignungsgleichen Eingriff: Das Hoheitshandeln an sich
ist rechtmäßig!

Darüber hinaus muss dem Betroffenen durch den Eingriff ein **Sonderopfer** abverlangt worden sein. Dies ist dann der Fall, wenn die Eigentumsbeeinträchtigung so schwer wiegt, dass der entstandene Nachteil dem

Einzelnen nicht mehr zugemutet werden kann. Maßgebliches Kriterium ist also die Zumutbarkeit. Schließlich kann der Anspruch wiederum analog § 254 BGB ausgeschlossen sein, wenn der Betroffene gegen das eigentumsbeeinträchtigende Hoheitshandeln hätte vorgehen können.

Fall 95 lässt sich also folgendermaßen lösen: In das Eigentum des L, nämlich dessen besäte Äcker, wurde vorliegend eingegriffen. Dies geschah unmittelbar aufgrund des rechtmäßigen hoheitlichen Betriebs der Anlage zur Lagerung und Behandlung von Abfällen: Es stellt eine typische Gefahrenlage dar, dass Vögel durch Abfälle angelockt werden. Aufgrund der schwerwiegenden Beeinträchtigung seiner Äcker wurde dem L zudem ein Sonderopfer abverlangt. Ihm ist daher eine Entschädigung zu zahlen.

▪ Fall 96

Bei öffentlichen Straßenreinigungsmaßnahmen spritzt verschmutztes Wasser an eine nahe gelegene Hauswand des H. H verlangt Entschädigung. Woran wird es hier fehlen?

Für einen Entschädigungsanspruch aus enteignendem Eingriff ist eine schwerwiegende Eigentumsbeeinträchtigung erforderlich, die dem Einzelnen nicht zugemutet werden kann. Dies ist hier nicht der Fall. Das Reinigungswasser beeinträchtigt das Eigentum des H nicht in unzumutbarer Weise, es liegt kein Sonderopfer vor.

Allgemeiner Aufopferungsanspruch

▪ Fall 97

Der einer Spezialeinheit angehörende Scharfschütze S liefert sich eine Schießerei mit Geiselnehmern. Eine abirrende Kugel aus seiner Dienstwaffe trifft den Unbeteiligten U am Arm. Der allgemeine Aufopferungsanspruch unterscheidet sich von den zuvor dargestellten Entschädigungsansprüchen im Hinblick auf das Rechtsgut, in das eingegriffen wird. Inwiefern? Welches Rechtsgut ist im Fall betroffen?

Bei den Ansprüchen wegen Enteignung, enteignungsgleichem und enteignendem Eingriff geht es um Eigentumseingriffe. Mit dem allgemeinen Aufopferungsanspruch hingegen kann Entschädigung für hoheitliche Eingriffe in nichtvermögenswerte Rechte (Leben, Gesundheit, Freiheit) verlangt werden.

So kommt für U in Fall 97 ein Anspruch aus allgemeiner Aufopferung wegen der Verletzung seiner körperlichen Integrität in Betracht.

Die Bedeutung des allgemeinen Aufopferungsanspruchs ist in der Praxis nur noch verhältnismäßig gering, da die meisten seiner Fallkonstellationen mittlerweile in Spezialgesetzen geregelt sind. Diese spezialgesetzlichen Vorschriften verdrängen dann den Anspruch aus allgemeiner Aufopferung. Erleidet etwa jemand aufgrund einer gesetzlich vorgeschriebenen Impfung einen Gesundheitsschaden, so kann er gemäß §§ 60 ff. InfSchG (Infektionsschutzgesetz, Sartorius Ergänzungsband 285) Entschädigung verlangen.

Dennoch verbleibt dem allgemeinen Aufopferungsanspruch auch heute noch ein gewisser Anwendungsbereich. Übersicht 23 bietet das übliche Schema:

Übersicht 23: Allgemeiner Aufopferungsanspruch

I. **Rechtsgrundlage**: gewohnheitsrechtlich geltender Aufopferungsgrundsatz der §§ 74, 75 EinlALR

II. **Voraussetzungen**

1. Eingriffsobjekt: nichtvermögenswerte Rechtsposition: Leben, Gesundheit, Freiheit

2. unmittelbarer hoheitlicher Eingriff

3. Sonderopfer: nicht bei Realisierung des allgemeinen Lebensrisikos

4. kein Ausschluss des Anspruchs analog § 254 BGB („Mitverschulden")

III. **Rechtsfolge**: angemessene Entschädigung

Auch der allgemeine Aufopferungsanspruch findet seine Rechtsgrundlage in dem auf die §§ 74, 75 EinlALR zurückgehenden Aufopferungsgewohnheitsrecht. Es muss ein hoheitlicher Eingriff in eine nichtvermögenswerte Rechtsposition, also in Leben, Gesundheit oder Freiheit, stattgefunden haben. Dieser Eingriff muss unmittelbar zu der Rechtsgutsbeeinträchtigung geführt haben.

Wann ist dies nochmal der Fall? Hierzu ein kleines Beispiel:

Fall 98

Strafgefangener S wird in der Justizvollzugsanstalt von seinen Mithäftlingen brutal misshandelt. Liegt hier eine unmittelbare Rechtsgutsbeeinträchtigung (durch die staatliche Freiheitsentziehung) vor?

Unmittelbarkeit ist gegeben, wenn der Schaden typischerweise mit einem Hoheitshandeln verbunden ist. S hat sich hier jedoch durch eigenes strafbares Verhalten dem Freiheitsentzug und den damit verbundenen Folgen ausgesetzt. Die staatliche Freiheitsentziehung schafft keine typische Gefährdungslage für das Rechtsgut Gesundheit. S ist demnach nicht unmittelbar in einem Rechtsgut beeinträchtigt.

Weiterhin muss dem Betroffenen durch den Eingriff ein Sonderopfer abverlangt werden. Er muss im Vergleich zu anderen unzumutbar belastet worden sein. Ein Sonderopfer liegt nicht vor, wenn sich die Beeinträchtigung nur als Realisierung des allgemeinen Lebensrisikos darstellt.

Fall 99

Schüler S zieht sich im schulischen Turnunterricht bei einer Rolle vorwärts eine schwere Beinverletzung zu. Seine Eltern möchten die Heilbehandlungskosten gerne ersetzt bekommen. Woran scheitert der Anspruch?

Es fehlt am Sonderopfer. Die im Schulunterricht vorgenommenen Turnübungen stellen nur eine leichte körperliche Belastung dar, wie sie auch außerhalb der Schule beim Spielen von Kindern anzutreffen ist. Es realisiert sich also lediglich das allgemeine Lebensrisiko.

Schließlich kann auch der allgemeine Aufopferungsanspruch analog § 254 BGB wegen „Mitverschuldens" entfallen, wenn der Betroffene keinen Rechtsbehelf (sofern dies überhaupt möglich war) zur Schadensabwendung eingelegt hat.

Zur zusammenhängenden Prüfung des Anspruchs noch einmal der Ausgangsfall in Kurzform:

Fall 100

Der polizeiliche Scharfschütze S hat Geiselnehmer G im Visier. Sein Schuss irrt jedoch ab und trifft den unbeteiligten Passanten U, der am

Arm verletzt wird. Kann U Ersatz seiner Heilbehandlungskosten verlangen?

Durch den Schuss des S wurde U in seiner Gesundheit, also einem nichtvermögenswerten Rechtsgut verletzt. Dieser Eingriff geschah auch unmittelbar, da die Gefahr abirrender Kugeln typischerweise mit dem Schuss aus einer Dienstwaffe verbunden ist. Zudem wurde dem U ein Sonderopfer abverlangt, da sich in der Schussverletzung nicht etwa bloß ein allgemeines Lebensrisiko realisierte. Die Einlegung von Rechtsbehelfen zur Schadensabwendung war dem U nicht möglich. Der Anspruch entfällt daher auch nicht wegen Mitverschuldens. U kann demnach Ersatz seiner Heilbehandlungskosten aus allgemeiner Aufopferung fordern.

Bitte gehen Sie noch einmal die verschiedenen Übersichten durch! Achten Sie darauf, worin sich die einzelnen Arten von Entschädigungsansprüchen voneinander unterscheiden.

Lektion 13: Folgenbeseitigungsanspruch

■■ Fall 101

A nennt eine schicke Zwei-Zimmer-Wohnung in der Innenstadt von Köln sein Eigen, bewohnt diese jedoch nicht selbst. Als der Winter hereinbricht, weist die Stadtverwaltung die Obdachlosen O und U per Verfügung in die Wohnung des A ein. Sie verkennt dabei, dass in Obdachlosenunterkünften noch ausreichend Wohnraum vorhanden ist. Kann A von der Stadt Räumung seiner Wohnung verlangen?

Ein Folgenbeseitigungsanspruch (FBA) kommt dann in Betracht, wenn sich jemand gegen einen rechtswidrigen Zustand zur Wehr setzen will. Er ist auf die Beseitigung der rechtswidrigen Folgen hoheitlicher Tätigkeit gerichtet. Der Anspruchsinhaber kann mit dem Folgenbeseitigungsanspruch nicht Schadensersatz oder Entschädigung, sondern Wiederherstellung des früheren Zustands verlangen.

Auf welcher Grundlage eine solche Folgenbeseitigung gefordert werden kann, wird in Rechtsprechung und Lehre nicht einheitlich gesehen: § 113 I 2 VwGO (Sartorius Nr. 600: bitte lesen!) setzt zwar die Möglichkeit eines FBA voraus, betrifft als prozessuale Vorschrift jedoch lediglich die Durchsetzung der Folgenbeseitigung. Überwiegend wird als materiellrechtliche Rechtsgrundlage für den FBA der Grundsatz der Gesetzmäßigkeit der Verwaltung (Art. 20 III GG) bzw. die Abwehrfunktion der Freiheitsgrundrechte angenommen.

Zu unterscheiden sind zwei Arten des Folgenbeseitigungsanspruchs: Der Vollzugsfolgenbeseitigungsanspruch zielt auf Beseitigung der Folgen, die durch den Vollzug eines rechtswidrigen Verwaltungsakts entstanden sind. Der schlichte Folgenbeseitigungsanspruch hingegen betrifft die Beseitigung von Folgen, die durch schlichtes Verwaltungshandeln (also durch Realakte) hervorgerufen worden sind.

Leitsatz 17

!

Rechtsgrundlage des Folgenbeseitigungsanspruchs

1. Die Rechtsgrundlage des FBA ist nicht eindeutig geklärt.
   Zum Teil wird sie aus dem Grundsatz der Gesetzmäßigkeit der Verwaltung (Art. 20 III GG) abgeleitet: Da die Verwaltung an Gesetz und Recht gebunden sei, sei sie auch zur Beseitigung der rechtswidrigen Folgen ihres Handelns verpflichtet.
   Andere sehen die Abwehrfunktion der Freiheitsgrundrechte als Grundlage des FBA an:
   Diese gäben dem Bürger einen Anspruch darauf, dass der Staat die rechtswidrigen Folgen eines Grundrechtseingriffs beseitige.

2. Sollte in der Prüfung einmal danach gefragt sein: Kurz darlegen, dass der FBA mittlerweile allgemein anerkannt ist, wobei die umstrittene Rechtsgrundlage überwiegend in der Gesetzmäßigkeit der Verwaltung bzw. der Abwehrfunktion der Grundrechte gesehen wird.

Im Beispielsfall 101 ist O zu Unrecht per Einweisungsverfügung in die Wohnung des A eingewiesen worden. Tatsächlich bestand keine Wohnraumknappheit zum Zeitpunkt des Wintereinbruchs, die Einweisungsverfügung war rechtswidrig. A kann die Einweisungsverfügung anfechten und im Prozess gleichzeitig gemäß § 113 I 2 VwGO Räumung der Wohnung verlangen. Es handelt sich dabei um den gerade erwähnten Vollzugsfolgenbeseitigungsanspruch, da es um die Beseitigung der Folgen geht, die durch den Vollzug der rechtswidrigen Einweisungsverfügung (Verwaltungsakt!) eingetreten sind.

Sehen wir uns die einzelnen Voraussetzungen des FBA in Übersicht 24 einmal genauer an:

Übersicht 24: Prüfungsschema zum Folgenbeseitigungsanspruch

I. Anspruchsvoraussetzungen
1. hoheitliches Handeln
2. Eingriff in ein subjektives Recht
3. fortdauernde rechtswidrige Folgen
4. Möglichkeit und Zumutbarkeit der Wiederherstellung

II. Rechtsfolge: Wiederherstellung des früheren Zustands

Anspruchsvoraussetzungen

Hoheitliches Handeln

Fall 102

Erinnern Sie sich noch an die böse Straßenbahn AG, die die Privatschüler mit ihrer Tarifpolitik diskriminierte? Es ging dabei um Verwaltungsprivat recht, da die Stadt den öffentlichen Personennahverkehr in privatrechtlicher Form organisierte. Vor dem Haus des A verursacht die Straßenbahn einen Lärm, der ihn unwillkürlich an die ACDC-Konzertbesuche seiner Jugendzeit zurückdenken lässt. Kann A einen FBA geltend machen?

Ein Folgenbeseitigungsanspruch kommt nur bei hoheitlichem, also öffentlich-rechtlichem Handeln in Frage. Bei privatrechtlichem Verwaltungshandeln kann dagegen nur auf privatrechtliche Anspruchsgrundlagen (§ 1004 BGB) zurückgegriffen werden. Die Abgrenzung zwischen öffentlichem Recht und Privatrecht aus der Anfangslektion wird hier also nochmals aktuell.

Bei der Organisation des öffentlichen Personennahverkehrs in Form einer Straßenbahn AG wie in Fall 102 handelt es sich um Verwaltungsprivatrecht und damit um privatrechtliches Handeln der Verwaltung. Den Lärmemissionen der in privatrechtlicher Form betriebenen Straßenbahn kann A also nur mit dem privatrechlichen Unterlassungsanspruch aus § 1004 BGB begegnen. Ein öffentlich-rechtlicher Folgenbeseitigungsanspruch scheidet aus.

Eingriff in ein subjektives Recht

■ Fall 103

Die Stadt S errichtet eine Prachtstraße, die versehentlich über das Grundstück des E verlegt wird. In welches subjektive Recht des E ist hier eingegriffen worden?

Durch das hoheitliche Handeln muss in ein subjektives Recht des Bürgers eingegriffen worden sein. Dies ist vorliegend der Fall: Durch die Überbauung seines Grundstücks wird E in seinem Eigentumsrecht aus Art. 14 I GG beeinträchtigt.

Fortdauernde rechtswidrige Folgen

■ Fall 104

Gemeinde G freut sich, ihren Bürgern endlich einen öffentlichen Sportplatz zur Verfügung stellen zu können. Ganz anders Anwohner B: Der Torjubel der Nachwuchsballzauberer ist derart laut, dass B im Garten nicht mehr genussvoll den verehrten Volksmusikklängen lauschen kann. Muss B den Krach hinnehmen?

Durch das hoheitliche Handeln müssen rechtswidrige Folgen verursacht worden sein, die noch andauern. Dauern die rechtswidrigen Folgen nicht mehr an, kommen nur noch Schadensersatz- oder Entschädigungsansprüche in Betracht. Die Folgen des hoheitlichen Handelns sind jedoch dann nicht rechtswidrig, wenn eine Duldungspflicht des Bürgers besteht. In den Lärmimmissionsfällen besteht dann eine Duldungspflicht, wenn die Immissionen gemäß § 22 I i.V.m. § 3 I BImSchG – Sartorius Nr. 296 – dem Grundstücksnachbarn zumutbar sind.

Ob der Torschrei der Jugendkicker aus Fall 104 zumutbar ist oder nicht, ist Frage des jeweiligen Einzelfalls. Wenn ja, steht dem B ein Folgenbeseitigungsanspruch zu, die Gemeinde müsste für Ruhe sorgen. Wenn nicht, muss B die Spielfreude des FC Rotznase still erdulden.

Möglichkeit und Zumutbarkeit der Wiederherstellung

■ Fall 105

Das Sturmgewehr des Waffennarren D wird beschlagnahmt, obgleich dieser einen Waffenschein dafür besitzt. Als die Behörde ihren Fehler erkennt, hebt sie die Beschlagnahmeverfügung auf, muss aber zu ihrem Entsetzen feststellen, dass das Gewehr bei ihr zwischenzeitlich entwendet worden ist. Warum hat D keinen Folgenbeseitigungsanspruch?

Ganz klar: Der Folgenbeseitigungsanspruch ist auf Wiederherstellung des ursprünglichen Zustands gerichtet und kann daher nicht mehr bestehen, wenn diese Wiederherstellung für die Behörde tatsächlich oder rechtlich **unmöglich** geworden ist.

So verhält es sich in **Fall 105**: Das Sturmgewehr des D kann nicht mehr herausgegeben werden, ihm steht mithin kein Folgenbeseitigungsanspruch zu. Was er verlangen kann, ist Schadensersatz.

▬▬ Fall 106

Beim Bau einer Kläranlage ist das Privatgrundstück des B zu 2,35 Quadratmetern überbaut worden. B ist außer sich: Nicht nur, dass die vorher so reine Landluft in Zukunft verpestet wird, nein, zudem wurde auch noch sein Grund und Boden geschmälert. Er verlangt, dass die komplette Kläranlage versetzt werde. Dass dabei Kosten in Millionenhöhe entstünden, lässt ihn kalt. Hat B einen entsprechenden Folgenbeseitigungsanspruch?

Ein Anspruch auf Folgenbeseitigung besteht neben den Konstellationen der Unmöglichkeit auch dann nicht, wenn die Wiederherstellung des früheren Zustands **unzumutbar** ist. Unzumutbarkeit liegt vor, wenn die Wiederherstellung des früheren Zustands einen unverhältnismäßig hohen Aufwand erfordern würde. Bei Unzumutbarkeit kann der Betroffene (ebenso wie bei Unmöglichkeit der Wiederherstellung) lediglich Schadensersatz- oder Entschädigungsansprüche geltend machen.

Zu **Fall 106**: Die Versetzung der Kläranlage würde angesichts der nur geringen Überbauung des Grundstücks des B einen unverhältnismäßig hohen Aufwand erfordern. B hat demnach keinen Anspruch auf ihre Versetzung; er muss sich – genau wie Waffennarr D – vielmehr mit Schadensersatz- bzw. Entschädigungsansprüchen begnügen.

Rechtsfolge

■■■ Fall 107

In einer amtlichen Erklärung wird eine Gruppierung als „Sekte" bezeichnet. Im Nachhinein stellt sich heraus, dass es sich lediglich um
eine besonders religionskritische Organisation handelt. Die Gruppierung
macht einen Folgenbeseitigungsanspruch geltend. Worauf könnte er in
diesem Fall wohl gerichtet sein?

Der Folgenbeseitigungsanspruch ist auf Wiederherstellung des ursprünglichen Zustands gerichtet und verlangt von der Verwaltung ein darauf
gerichtetes positives Tätigwerden. Im Beispielsfall müsste die Behörde die
ehrverletzende Äußerung also widerrufen.

Zusammenfassung

Zur zusammenhängenden Wiederholung von Voraussetzungen und
Rechtsfolge des Folgenbeseitigungsanspruchs kehren wir nochmals zum
Eingangsfall dieser Lektion zurück, zumal es sich um einen Standardfall
in diesem Bereich handelt. Hier noch einmal seine Kurzform:

■■■ Fall 108

Die Obdachlosen O und U werden per rechtswidriger Verfügung in die
Wohnung des A eingewiesen. A ficht die Einweisungsverfügung an und
macht einen Folgenbeseitigungsanspruch auf Räumung der Wohnung
geltend. Sind die entsprechenden Voraussetzungen hier gegeben?

Ein **hoheitliches Handeln** liegt vor: Die Behörde hat die Obdachlosen
durch Verfügung in die Wohnung des A eingewiesen. Sie hat damit
auch in ein **subjektives Recht** des A **eingegriffen**, nämlich in sein Eigentumsrecht aus Art. 14 I GG. Dies wiederum hat zu **fortdauernden
rechtswidrigen Folgen** geführt: Die Obdachlosen halten sich zu Unrecht
in der Wohnung des A auf. Die Wiederherstellung des früheren Zustands
ist schließlich **weder unmöglich noch unzumutbar**. Die Voraussetzungen
des Folgenbeseitigungsanspruchs liegen damit vor.

Was kann A als Inhalt des Folgenbeseitigungsanspruchs verlangen?

A kann von der Behörde verlangen, dass diese für eine Räumung seiner Wohnung sorgt. Damit würde der vorherige Zustand (schicke leere Wohnung) wiederhergestellt werden.

Übersicht 25 fasst die wichtigsten Ansprüche des Bürgers im Staatshaftungsrecht noch einmal zusammen:

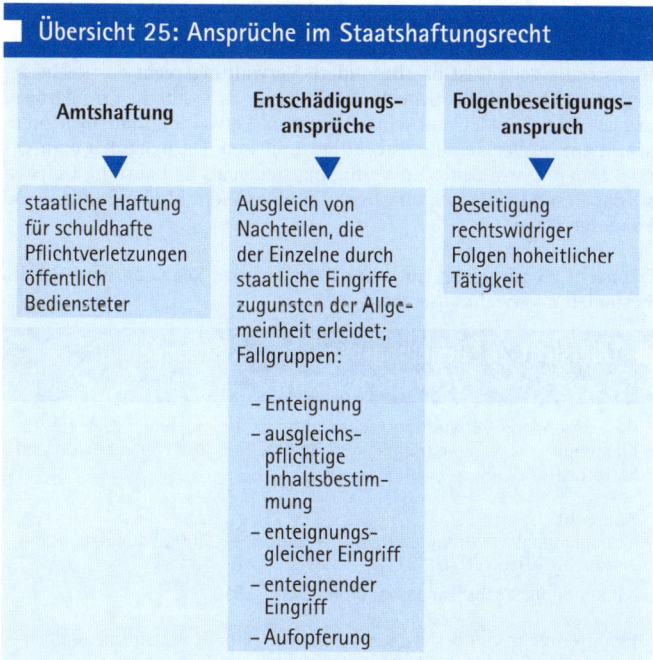

Übersicht 25: Ansprüche im Staatshaftungsrecht

Amtshaftung	Entschädigungs-ansprüche	Folgenbeseitigungs-anspruch
▼	▼	▼
staatliche Haftung für schuldhafte Pflichtverletzungen öffentlich Bediensteter	Ausgleich von Nachteilen, die der Einzelne durch staatliche Eingriffe zugunsten der Allgemeinheit erleidet; Fallgruppen: – Enteignung – ausgleichs-pflichtige Inhaltsbestim-mung – enteignungs-gleicher Eingriff – enteignender Eingriff – Aufopferung	Beseitigung rechtswidriger Folgen hoheitlicher Tätigkeit

V.   Besonderes Verwaltungsrecht

Lektion 14: Baurecht

Den Unterschied zwischen Allgemeinem und Besonderem Verwaltungsrecht haben Sie schon in der ersten Lektion kennen gelernt: Während
das Allgemeine Verwaltungsrecht diejenigen Regelungen, Prinzipien
und Begriffe umfasst, die grundsätzlich für alle Bereiche des Verwaltungsrechts gelten, ist das Besondere Verwaltungsrecht das Recht der
einzelnen Tätigkeitsbereiche der Verwaltung: Es ist auf die Erfordernisse
des jeweiligen Gebiets mit seinen speziellen Verwaltungsaufgaben zuge-
schnitten: Im Versammlungsrecht etwa müssen den Behörden naturgemäß andere Instrumente zur Verfügung stehen als im Baurecht. Geregelt
ist das Besondere Verwaltungsrecht in einer Vielzahl von Bundes- und
Landesgesetzen.

Übersicht 26 gibt einen Überblick über wichtige Regelungsbereiche des
Besonderen Verwaltungsrechts:

> ### Übersicht 26: Regelungsbereiche des Besonderen
> ### Verwaltungsrechts
>
> Das Besondere Verwaltungsrecht umfasst u.a. folgende Gebiete (in
> Klammern jeweils die einschlägigen Gesetze und ihre Nummerierung im
> Sartorius):
>
> **Baurecht**
> – Bauplanungsrecht (Baugesetzbuch – BauGB [Nr. 300], Baunutzungsver-
>   ordnung – BauNVO [Nr. 311])
> – Bauordnungsrecht (Landesbauordnungen – LBauO)
>
> **Beamtenrecht** (Bundesbeamtengesetz [Nr. 160], Beamtenrechtsrahmen-
> gesetz [Nr. 150], Landesbeamtengesetze)
>
> **Umweltrecht**
> – Abfallrecht (Kreislaufwirtschafts- und Abfallgesetz – KrW-/AbfG [Nr. 298])
>   Immissionsschutzrecht (Bundesimmissionsschutzgesetz – BImSchG
>   [Nr. 296])
> – Bodenschutzrecht (Bundesbodenschutzgesetz – BBodSchG [Nr. 299])

Ausländer- und Asylrecht (Aufenthaltsgesetz – AufenthG [Nr. 565]; Asylverfahrensgesetz – AsylVfG [Nr. 567])

Wirtschaftsverwaltungsrecht
– Allgemeines Gewerberecht (Gewerbeordnung – GewO [Nr. 800])
– Gaststättenrecht (Gaststättengesetz – GaststättenG [Nr. 810])
– Handwerksrecht (Handwerksordnung – HandwO [Nr. 815])

Versammlungsrecht (Versammlungsgesetz – VersG [Nr. 435])

Allgemeines Polizei- und Ordnungsrecht

Vier besonders ausbildungs- wie praxisrelevante Gebiete des Besonderen Verwaltungsrechts sind das **Baurecht**, das **Gewerberecht**, das **Gaststättenrecht** sowie das **Polizei- und Ordnungsrecht**. Ihnen werden wir uns nun im Einzelnen widmen.

▬▬ Fall 109

Bauer B ist der Landluft überdrüssig. Seinen Schweinemastbetrieb will er in die Stadt S verlegen, und zwar in einen Bezirk, den der Bebauungsplan der Stadt als reines Wohngebiet ausweist. Er stellt einen Baugenehmigungsantrag. Der Mitarbeiter der Bauaufsichtsbehörde M erkennt sofort, dass er das Begehren des B ablehnen müssen wird. Er wendet sich daher dem nächsten Fall des G zu. G ist Eigentümer eines Geschäftsgebäudes, das akut einsturzgefährdet ist. M überlegt, ob er hier dem G den Abriss des Gebäudes aufgeben muss. Mit welchen Bereichen des Baurechts beschäftigt sich M hier?

Das öffentliche Baurecht lässt sich in zwei Bereiche unterteilen: Bauordnungsrecht und Bauplanungsrecht.

Das **Bauordnungsrecht** ist landesgesetzlich in den Landesbauordnungen geregelt. Es behandelt die sicherheitsrechtlichen Anforderungen an bauliche Anlagen und berechtigt die Bauaufsichtsbehörden bei baulichen Gefahren zum Einschreiten.

Beim **Bauplanungsrecht** handelt es sich um Bundesrecht. Es ist im Baugesetzbuch (BauGB – Sartorius Nr. 300) und in der Baunutzungsverordnung (BauNVO – Sartorius Nr. 311) geregelt und umfasst insbesondere die Bauleitplanung und die planungsrechtliche Zulässigkeit von Vorhaben.

In Fall 109 sind für die Ablehnung des Baugenehmigungsantrags des B bauplanungsrechtliche Erwägungen maßgeblich: Es widerspricht den Festsetzungen des Bebauungsplans, einen Schweinemastbetrieb in einem Wohngebiet anzusiedeln. Die Einsturzgefahr des Geschäftsgebäudes des G dagegen ist eine bauordnungsrechtliche Frage: Ob und unter welchen Voraussetzungen M eine Abrissverfügung erlassen darf, ist in der einschlägigen Landesbauordnung geregelt.

Übersicht 27 gibt die Unterteilung graphisch wieder:

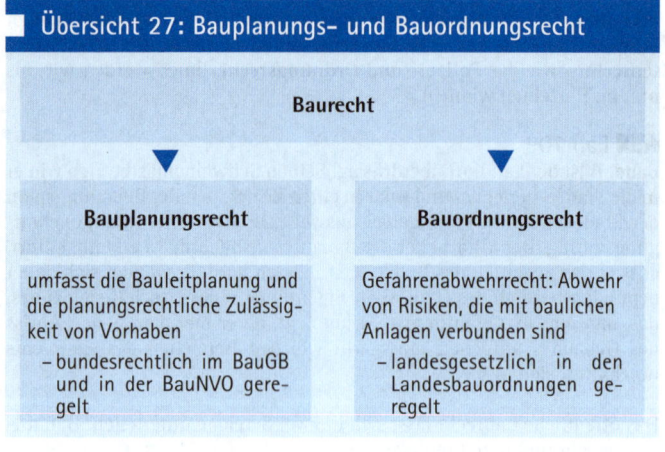

Übersicht 27: Bauplanungs- und Bauordnungsrecht

Baurecht

Bauplanungsrecht	**Bauordnungsrecht**
umfasst die Bauleitplanung und die planungsrechtliche Zulässigkeit von Vorhaben – bundesrechtlich im BauGB und in der BauNVO geregelt	Gefahrenabwehrrecht: Abwehr von Risiken, die mit baulichen Anlagen verbunden sind – landesgesetzlich in den Landesbauordnungen geregelt

Bauplanungsrecht

Bauleitplanung

Fall 110

Die Gemeinde G hat sich zum Mekka der High Society entwickelt. Jeder, der dazu zu zählen meint, will sich ein eigenes Domizil in G errichten lassen. Die Gemeinde möchte die Energie der Häuslebauer in geordnete Bahnen lenken. Was muss sie tun?

Sobald und soweit es für die städtebauliche Ordnung erforderlich ist, haben die Gemeinden Bauleitpläne aufzustellen. Aufgabe der Bauleitplanung ist es, die bauliche und sonstige Nutzung der Grundstücke in der Gemeinde vorzubereiten und zu leiten. Die Gemeinden können sich dabei zweier Instrumente bedienen: Des Flächennutzungsplans als vorbereitendem Bauleitplan und des Bebauungsplans als verbindlichem Bauleitplan.

Der Bebauungsplan, der aus einem etwaigen Flächennutzungsplan zu entwickeln ist, enthält die rechtsverbindlichen Festsetzungen für die städtebauliche Ordnung. Was die Gemeinde im Bebauungsplan festsetzen kann, lässt sich § 9 BauGB entnehmen: So kann sie etwa die Art und das Maß der baulichen Nutzung, die Bauweise und die überbaubaren Grundstücksflächen sowie die örtlichen Verkehrsflächen festlegen.

Zurück zu Fall 110: Mittels eines Bebauungsplans kann die Gemeinde die Bauleidenschaft ihrer neuen Einwohner steuern. Sie kann beispielsweise im Hinblick auf die Art der baulichen Nutzung festlegen, wo sich Wohngebiete und wo sich Einkaufszentren befinden werden.

▮▮▮ Fall 111

U ist ein alteingesessener Einwohner der Gemeinde G. Er möchte sein Einfamilienhaus nicht von Luxusvillen umzingelt wissen. Er fragt sich, ob die Gemeinde seine Bedenken beim Verfahren über die Aufstellung des Bebauungsplans berücksichtigen muss. Muss sie?

Das Aufstellungsverfahren für einen Bebauungsplan ist gleich zu Beginn des Baugesetzbuchs förmlich geregelt. Gemäß § 2 I 2 BauGB erfolgt zunächst ein Aufstellungsbeschluss. § 3 I BauGB zufolge ist den Bürgern frühzeitig Gelegenheit zur Äußerung und Erörterung der Planung zu geben. Dadurch soll die Gemeinde ihr Planungsmaterial vervollständigen. Ein Verstoß gegen § 3 I BauGB ist jedoch unbeachtlich. Gemäß § 4 BauGB sind des Weiteren die Träger öffentlicher Belange zu beteiligen.

Schließlich ist der beschlussfähige Planentwurf samt Begründung gemäß § 3 II BauGB für die Dauer eines Monats öffentlich auszulegen. Ort und Dauer der Auslegung sind vorher ortsüblich bekannt zu machen. Die

Bürger können sich innerhalb der Frist über die Planung informieren und Anregungen sowie Einwendungen vorbringen, die der Gemeinderat zu prüfen hat. Zuletzt beschließt der Gemeinderat den Plan als Satzung, vgl. § 10 BauGB. Mit der Bekanntmachung tritt der Bebauungsplan in Kraft.

U kann in Fall 111 seine Bedenken demnach im Planauslegungsverfahren geltend machen. Die Gemeinde muss sie prüfen.

▆▆ Fall 112

U meint, dass seine Vorbehalte gegenüber den getroffenen Festsetzungen von der Gemeinde nicht genügend gewürdigt worden seien und dass der Bebauungsplan daher gravierende Fehler enthalte. Er möchte ihn daher gerichtlich überprüfen lassen. Kann er das tun?

Die Gemeinde beschließt den Bebauungsplan gemäß § 10 I BauGB als Satzung. Satzungen, die nach den Vorschriften des Baugesetzbuchs erlassen worden sind, sind gemäß § 47 I Nr. 1 VwGO mit der verwaltungsgerichtlichen Normenkontrolle angreifbar. Sie ist an das Oberverwaltungsgericht zu richten. Nicht jeder Fehler jedoch führt zur Ungültigkeit des Bebauungsplans, vielmehr muss der Verstoß im Sinne von § 214 BauGB beachtlich sein. Außerdem können Fehler des Bebauungsplans gemäß § 215 I BauGB unbeachtlich werden, wenn sie nicht innerhalb der dort vorgegebenen Fristen geltend gemacht werden.

U kann in Fall 112 den Bebauungsplan folglich im Normenkontrollverfahren gemäß § 47 I Nr. 1 VwGO vom Oberverwaltungsgericht überprüfen lassen. Ist das Oberverwaltungsgericht der Auffassung, dass der Plan ungültig sei, erklärt es ihn für unwirksam.

Bauplanungsrechtliche Zulässigkeit von Vorhaben

▆▆ Fall 113

Gemeinde G hat nunmehr endlich einen Bebauungsplan erlassen. X möchte sein Wohnhaus in einem Gebiet errichten, das der Bebauungsplan mit „WA" kennzeichnet. Ist dies bauplanungsrechtlich zulässig?

Die bauplanungsrechtliche Zulässigkeit von Vorhaben, die die Errichtung, Änderung oder Nutzungsänderung von baulichen Anlagen zum Gegenstand haben, richtet sich gemäß § 29 I BauGB nach §§ 30 – 37 BauGB. Diese wiederum unterscheiden im Hinblick auf die Zulässigkeitsanforderungen insbesondere nach der Lage des Grundstücks: Liegt das Bauvorhaben im Bebauungsplangebiet (§ 30 BauGB), im so genannten unbeplanten Innenbereich (§ 34 BauGB) oder im unbeplanten Außenbereich (§ 35 BauGB)?

Bei Vorhaben im Bebauungsplangebiet ist weiterhin danach zu differenzieren, um welche Art von Bebauungsplan es sich jeweils handelt: Um einen qualifizierten, einen einfachen oder einen vorhabenbezogenen Bebauungsplan? Interessieren soll uns insofern allein der qualifizierte Bebauungsplan im Sinne von § 30 I BauGB, da er in der Prüfung den Regelfall bildet. Er ist dadurch gekennzeichnet, dass er mindestens Festsetzungen über die Art und das Maß der baulichen Nutzung, die überbaubaren Grundstücksflächen und die örtlichen Verkehrsflächen enthält.

Gemäß § 30 I BauGB ist das Vorhaben zulässig, wenn es den Festsetzungen des Bebauungsplans nicht widerspricht und die Erschließung gesichert ist. Voraussetzungen für letzteres sind eine verkehrsmäßige Anbindung an eine Straße, ein Elektrizitätsanschluss, ein Wasser- sowie ein Abwasseranschluss. Hinsichtlich der Festsetzungen des Bebauungsplans ist ein Blick in die BauNVO – Sartorius Nr. 311 – erforderlich: Diese gibt in den Absätzen 2 der §§ 2 – 9 BauNVO wieder, was in den jeweiligen Gebieten als Regelbebauung zulässig ist. In reinen Wohngebieten etwa sind gemäß § 3 II BauNVO ausschließlich Wohngebäude als Regelbebauung zulässig, in allgemeinen Wohngebieten dagegen gemäß § 4 II BauNVO neben Wohngebäuden auch die der Versorgung des Gebiets dienenden Läden, Schank- und Speisewirtschaften sowie nicht störende Handwerksbetriebe und Anlagen für kirchliche, kulturelle, soziale, gesundheitliche und sportliche Zwecke.

In Fall 113 ist das Gebiet, in dem X zu bauen gedenkt, im Bebauungsplan mit „WA" gekennzeichnet. Das Wohngebäude, das X dort errichten möchte, ist dort demnach gemäß § 4 II BauNVO als Regelbebauung zulässig.

▬▬ Fall 114

Y plant einen Tante-Emma-Laden in einem Gebiet einrichten, das im Bebauungsplan der Gemeinde mit den Buchstaben „WR" versehen ist. Er hört von einem Bekannten, dass WR für „reines Wohngebiet" stehe und fürchtet nun, sich von seinen Plänen verabschieden zu müssen. Muss er?

Gemäß § 30 I BauGB ist ein Vorhaben bauplanungsrechtlich nur dann zulässig, wenn es den Festsetzungen des Bebauungsplans nicht widerspricht. Was als Regelbebauung zulässig ist, lässt sich wie gesagt den Absätzen 2 der §§ 2–9 BauNVO entnehmen. Von den Festsetzungen des Bebauungsplans kann die zuständige Behörde jedoch gemäß § 31 I BauGB Ausnahmen zulassen (so genannte Ausnahmebebauung). Was die Art der Bebauung anbelangt, sind die zulässigen Ausnahmen in den Absätzen 3 der §§ 2 ff. BauNVO aufgeführt. Die Erteilung einer Ausnahme steht gemäß § 31 I BauGB im Ermessen der Behörde.

In Fall 114 darf Y daher darauf hoffen, dass sein Tante-Emma-Laden als Ausnahmebebauung genehmigt wird. In reinen Wohngebieten sind Läden, die zur Deckung des täglichen Bedarfs für die Bewohner des Gebiets dienen, nämlich gemäß § 3 III BauGB ausnahmsweise zulässig.

▮▮▮ Fall 115

Nochmals zurück zum Eingangsfall dieser Lektion: Bauer B will seinen Schweinemastbetrieb in die Stadt in ein reines Wohngebiet verlegen. Bauaufsichtsbehördenmitarbeiter M prüft die bauplanungsrechtliche Zulässigkeit des Vorhabens. Warum wendet er sich sogleich anderen Dingen zu?

Entspricht ein Vorhaben nicht den Festsetzungen des Bebauungsplans und ist es auch nicht gemäß den Absätzen 3 der §§ 2 ff. BauNVO als Ausnahmebebauung zulässig, so bemisst sich seine Zulässigkeit nach § 31 II BauGB. § 31 II BauGB gibt sehr enge Tatbestandsvoraussetzungen vor, die kumulativ erfüllt sein müssen.

In Fall 115 scheitert das Vorhaben des B bereits an jeder noch so geringen Würdigung nachbarlicher Interessen. Auch dürfte die Abweichung städtebaulich kaum vertretbar sein. Verständlich also, dass M sich nicht lange aufhält.

Zur Zulässigkeit von Vorhaben im Gebiet eines qualifizierten Bebauungsplans die Übersicht 28.

Übersicht 28: Zulässigkeit von Vorhaben im Gebiet eines qualifizierten Bebauungsplans

Im Gebiet eines qualifizierten Bebauungsplans gemäß § 30 I BauGB ist ein Vorhaben zulässig, wenn es

- den Festsetzungen des Bebauungsplans nicht widerspricht
- die Erschließung gesichert ist (Anschluss an das öffentliche Straßennetz, Versorgung mit Energie und Wasser)

Erstere Voraussetzung ist hier graphisch dargestellt:

Regelbebauung	Ausnahmebebauung	Befreiung
jeweils Absatz II der §§ 2ff. BauNVO, kein Ermessen	§ 31 I BauGB i.V.m. jeweils Absatz III der §§ 2ff. BauNVO, Ermessen	§ 31 II BauGB enge Tatbestandsvoraussetzungen, Ermessen

Unbeplanter Bereich

Fall 116

Im Randbereich der Gemeinde G liegen einige Bauernhöfe, Wohnhäuser und kleinere Geschäfte. An das Areal schließen sich Weideflächen an. U hat ein Grundstück in der Gegend erworben und plant, dort eine Spielhalle zu errichten. Ein Bebauungsplan existiert nicht, die Gemeinde hat jedoch per Satzung festgelegt, dass es sich bei dem Gebiet um einen „im Zusammenhang bebauten Ortsteil" handle. Befindet sich das Grundstück des U im Innen- oder im Außenbereich?

Im unbeplanten Bereich hängt die Zulässigkeit eines Vorhabens davon ab, ob es im Innen-oder im Außenbereich verwirklicht werden soll. § 34 BauGB behandelt den Innenbereich, § 35 BauGB den Außenbereich.

Während im Innenbereich grundsätzlich gebaut werden darf, ist der Außenbereich möglichst von Bebauung freizuhalten. Wann aber befindet man sich im Innenbereich? Maßgebend ist, ob ein „im Zusammenhang bebauter Ortsteil" vorliegt.

Ein Ortsteil liegt vor, wenn ein Bebauungskomplex im Gemeindegebiet nach der Zahl der vorhandenen Bauten ein gewisses Gewicht besitzt. Im Zusammenhang ist er bebaut, soweit eine tatsächlich aufeinander folgende Bebauung vorhanden ist. Baulücken sind so lange unerheblich, wie der Eindruck der Geschlossenheit und Zusammengehörigkeit erhalten bleibt.

In der Praxis ist oftmals umstritten, wo die Grenze zwischen Innen- und Außenbereich zu ziehen ist. § 34 IV ermöglicht es den Gemeinden daher, die Grenzen des Innenbereichs unabhängig von den tatsächlichen Gegebenheiten als Satzung festzulegen.

Eine entsprechende Satzung hat die Gemeinde in Fall 116 erlassen. Das Grundstück des U liegt damit im unbeplanten Innenbereich. Auf die Frage, ob ein im Zusammenhang bebauter Ortsteil vorliegt, kommt es nicht an.

Unbeplanter Innenbereich

▮▮ Fall 117

Wie gerade festgestellt, befindet sich das Grundstück des U aus Fall 117 im Innenbereich. Darf U dort eine Spielhalle errichten?

Im Innenbereich beurteilt sich die bauplanungsrechtliche Zulässigkeit eines Vorhabens nach § 34 BauGB. Entspricht die Eigenart der näheren Umgebung einem der in der BauNVO bezeichneten Gebiete, so ist hinsichtlich der Art der baulichen Nutzung gemäß § 34 II BauGB allein die BauNVO maßgeblich. Für diesen Fall können Sie also auf die zum Bebauungsplangebiet dargestellten Grundsätze zurückgreifen: Ist das Gebiet unbeplant, stehen dort jedoch nur Wohnhäuser, entspricht die Bebauung einem reinen Wohngebiet im Sinne der BauNVO. § 3 BauNVO enthält dann die Vorgaben für Regelbebauung und Ausnahmebebauung; Befreiungen richten sich nach § 34 II BauGB i.V.m. § 31 II BauGB.

Entspricht die Eigenart der näheren Umgebung nicht einem der in der BauNVO bezeichneten Gebiete, so ist § 34 I BauGB zufolge maßgeblich, dass das Vorhaben sich in die Eigenart der näheren Umgebung einfügt und die Erschließung gesichert ist. Die nähere Umgebung ist das Gebiet, auf das sich das Bauvorhaben bodenrechtlich auswirken kann und durch das das Vorhabengrundstück geprägt wird. Sich einfügen heißt, dass das Bauvorhaben einen sich aus der näheren Umgebung abzuleitenden Rahmen einhält.

In Fall 117 entspricht die nähere Umgebung mit ihren Wohnhäusern, Bauernhöfen und kleinen Geschäften keinem der in der BauNVO genannten Gebiete. Die Zulässigkeit des Vorhabens des U richtet sich daher nicht nach § 34 II BauGB i.V.m. §§ 2 ff. BauNVO, sondern nach § 34 I BauGB. In die Eigenart der näheren Umgebung jedoch fügt sich das Vorhaben nicht ein: Eine Vergnügungsstätte größeren Ausmaßes passt nicht zu der bereits vorhandenen Bebauung. Sie würde den die nähere Umgebung prägenden Rahmen sprengen und bodenrechtlich relevante Spannungen hervorrufen. Das Vorhaben des U ist damit bauplanungsrechtlich unzulässig.

Die Zulässigkeit von Vorhaben im unbeplanten Innenbereich lässt sich Leitsatz 18 nochmals zusammenfassend entnehmen:

Leitsatz 18

!

Vorhaben im unbeplanten Innenbereich

Im unbeplanten Innenbereich im Sinne von § 34 BauGB bemisst sich die bauplanungsrechtliche Zulässigkeit von Vorhaben nach folgenden Grundsätzen:

1. Entspricht die Eigenart der näheren Umgebung einem der in der BauNVO bezeichneten Gebiete, so ist hinsichtlich der Art der baulichen Nutzung gemäß § 34 II BauGB allein die BauNVO maßgeblich. Es gelten also die Grundsätze zu Regelbebauung, Ausnahmebebauung und Befreiung.

2. Entspricht die Eigenart der näheren Umgebung nicht einem der in der BauNVO bezeichneten Gebiete, so ist § 34 I BauGB zufolge maßgeblich, dass das Vorhaben sich in die Eigenart der näheren Umgebung einfügt und die Erschließung gesichert ist. Die nähere Umgebung ist das Gebiet, auf das sich das Bauvorhaben bodenrechtlich auswirken kann und durch das das Vorhabengrundstück geprägt wird. Sich einfügen heißt, dass das Bauvorhaben einen sich aus der näheren Umgebung abzuleitenden Rahmen einhält.

Unbeplanter Außenbereich

Fall 118

W ist Naturbursche und Vogelfreund. Um seinen Lieblingen nahe sein zu können, möchte er in deren Brutgebiet ein Wochenendhäuschen errichten. Für das Gebiet existiert kein Bebauungsplan; es ist vollständig unbebaut. Ist das Vorhaben des W bauplanungsrechtlich zulässig?

Liegt ein Grundstück weder im Bebauungsplangebiet noch im unbeplanten Innenbereich, so befindet es sich im Außenbereich. Bauplanungsrechtlich ist für die Verwirklichung von Vorhaben im Außenbereich § 35 BauGB maßgeblich. Grundsätzlich gilt dabei, dass der Außenbereich von jeglicher Bebauung freigehalten werden soll. § 35 BauGB differenziert zwischen privilegierten und sonstigen Vorhaben:

Die privilegierten Vorhaben sind in § 35 I BauGB abschließend aufgezählt. Zu ihnen zählen etwa land- und forstwirtschaftliche Betriebe, Versorgungsanlagen, Anlagen der Wind- und Wasserenergie. Sie gehören nach dem Willen des Gesetzgebers insbesondere aufgrund ihrer Auswirkungen auf die Umgebung grundsätzlich in den Außenbereich. Privilegierten Vorhaben dürfen öffentliche Belange nicht entgegenstehen und es muss eine ausreichende Erschließung gesichert sein. Liegen die entsprechenden Voraussetzungen vor, muss die Behörde das Vorhaben genehmigen. Ermessensspielraum besteht nicht.

Ist ein Vorhaben im Außenbereich nicht einem der aufgeführten privilegierten Vorhaben zuzuordnen, handelt es sich um ein sonstiges Vorhaben im Sinne von § 35 II BauGB. Klassisches Beispiel ist etwa das Wochenendhäuschen in unberührter Natur. Sonstige Vorhaben können im Einzelfall zugelassen werden, wenn ihre Ausführung oder Benutzung öffentliche Belange nicht beeinträchtigt und die Erschließung gesichert ist. Eine Beeinträchtigung öffentlicher Belange liegt in den Fällen des § 35 Abs. 3 BauGB vor, ohne dass die Auflistung abschließend wäre. Zu den öffentlichen Belangen zählen etwa solche des Naturschutzes und der Landschaftspflege, des Boden- oder Denkmalschutzes.

Das Vorhaben des W in Fall 118 beeinträchtigt öffentliche Belange, nämlich solche des Naturschutzes im Sinne von § 35 III 1 Nr. 5 BauGB. Die Tatbestandsvoraussetzungen des § 35 II BauGB liegen damit nicht vor. Das Vorhaben des W ist bauplanungsrechtlich unzulässig.

Leitsatz 19 widmet sich der bauplanungsrechtlichen Zulässigkeit von Vorhaben im Außenbereich:

Leitsatz 19

!

Vorhaben im unbeplanten Außenbereich

Im unbeplanten Außenbereich im Sinne von § 35 BauGB bemisst sich die bauplanungsrechtliche Zulässigkeit von Vorhaben nach folgenden Grundsätzen:

1. Privilegierte Vorhaben im Sinne von § 35 I BauGB (z.B. land- und forstwirtschaftliche Betriebe, Kernkraftwerke, Anlagen der Wind- und Wasserenergie) sind zuzulassen, wenn öffentliche Belange nicht entgegenstehen und die Erschließung gesichert ist. Liegen die Tatbestandsvoraussetzungen vor, besteht auf Behördenseite kein Ermessen.

2. Sonstige Vorhaben im Sinne von § 35 II BauGB können im Einzelfall zugelassen werden, wenn ihre Ausführung oder Benutzung öffentliche Belange nicht beeinträchtigt und die Erschließung gesichert ist. Wann öffentliche Belange beeinträchtigt sind, lässt sich § 35 III BauGB entnehmen.

Bauordnungsrecht

Während das Bauplanungsrecht insbesondere die Bauleitplanung und die planungsrechtliche Zulässigkeit von Vorhaben umfasst, behandelt das Bauordnungsrecht die sicherheitsrechtlichen Anforderungen an bauliche Anlagen und berechtigt die Bauaufsichtsbehörden bei baulichen Gefahren zum Einschreiten. Es ist landesgesetzlich in den Landesbauordnungen geregelt (bei denen es sich übrigens – trotz der Bezeichnung – um formelle Gesetze und nicht etwa um Rechtsverordnungen handelt).

Die Bauaufsichtsbehörden erteilen insbesondere Baugenehmigungen, überwachen die Ausführung von Bauvorhaben und erlassen zur Gefahrenabwehr so genannte Bauordnungsverfügungen.

Baugenehmigung

▬ Fall 119

Naturfreund W aus dem vorangegangenen Fall beantragt für sein geplantes Wochenendhäuschen eine Baugenehmigung. Spielt die fehlende bauplanungsrechtliche Zulässigkeit dabei eine Rolle?

Die Baugenehmigung dient der präventiven Kontrolle von Bauvorhaben und ist in der Bauordnung des jeweiligen Bundeslands geregelt; sie finden die Regelung in dem für Sie einschlägigen Landesgesetz unter der Überschrift „Baugenehmigung". Grundsätzlich unterliegt jede Errichtung, Änderung, Nutzungsänderung oder der Abbruch baulicher Anlagen der Genehmigungspflicht; Ausnahmen gelten für weniger umfangreiche bauliche Anlagen wie etwa für Stellplätze, Werbeanlagen, Gartenlauben oder Gewächshäuser.

Die Genehmigung ist zu erteilen, wenn **öffentlich-rechtliche Vorschriften dem Bauvorhaben nicht entgegenstehen**. Hierzu gehören vor allem solche des Bauplanungs- und Bauordnungsrechts, aber auch diejenigen anderer öffentlich-rechtlicher Gesetze, beispielsweise aus den Bereichen des Straßen- oder Immissionsschutzrechts. Insbesondere die Vorschriften des Bauplanungsrechts spielen dabei in der Praxis wie in der Prüfung eine bedeutsame Rolle. Fehlt es an der bauplanungsrechtlichen Zulässigkeit eines Vorhabens, versagt die Behörde die Baugenehmigung.

So liegt es in **Fall 119**: Das Vorhaben des W ist gemäß § 35 II BauGB i.V.m. § 35 III 1 Nr. 5 BauGB unzulässig; es stehen ihm damit öffentlich-rechtliche Vorschriften entgegen. Die Baugenehmigung wird dem W versagt bleiben.

Bauordnungsverfügungen

Während das Baugenehmigungsverfahren der präventiven Kontrolle dient, bezweckt die **Bauüberwachung** die Überprüfung, ob das bauliche Vorhaben im Einklang mit der Baugenehmigung realisiert wird. Die Bauaufsichtsbehörde darf insofern u.a. Baustellen oder Wohnungen betreten und in die Bauunterlagen Einblick nehmen. Stellt sie Verstöße gegen öffentlich-rechtliche Vorschriften fest, kann sie die zur Herstellung baurechtskonformer Zustände erforderlichen Verfügungen erlassen.

Dazu finden sich in den Landesbauordnungen zum einen Spezialermächtigungen für bestimmte immer wiederkehrende Maßnahmen, nämlich für Stilllegungsverfügungen, Beseitigungsanordnungen und Baunutzungsuntersagungen, zum anderen eine baurechtliche Generalklausel für sonstige Maßnahmen. Suchen Sie in Ihrer Landesbauordnung die Vorschriften für Stilllegungsverfügungen, Beseitigungsanordnungen und Baunutzungsuntersagungen! Sie sollten sie ohne weiteres aufspüren können.

■■ Fall 120

W möchte auf seinem Grundstück ein Wohnhaus errichten. Dass er hierfür eine Baugenehmigung benötigt, ist ihm nicht bekannt. Bereits am zweiten Tag seines Schaffens findet er in seinem Briefkasten eine Stilllegungsverfügung der Bauaufsichtsbehörde vor. Ist diese zu Recht ergangen?

Eine Stilllegungsverfügung (umgangssprachlich als „Baustopp" bezeichnet) kann bereits dann ergehen, wenn ohne Baugenehmigung gebaut oder von den genehmigten Bauvorlagen abgewichen wird. Allein diese so genannte „formelle Illegalität" genügt, um eine Beendigung der gerade laufenden Bauarbeiten zu verfügen. Ob das Bauvorhaben eigentlich hätte genehmigt werden können, ist dabei irrelevant. Im Fall bloß formeller Illegalität dient die Verfügung dazu, den Zweck des Baugenehmigungsverfahrens sicherzustellen, nicht zwingend zur endgültigen Verhinderung des Vorhabens.

In Fall 120 konnte eine Stilllegungsverfügung ergehen, da W das Wohnhaus ohne die erforderliche Baugenehmigung zu errichten gedachte. Die für den Baustopp vorausgesetzte formelle Illegalität lag damit vor.

■■ Fall 121

H ist ein besonders hektischer Häuslebauer. Er lässt ein Bürohochhaus in einem reinen Wohngebiet errichten. Zuvor eine Baugenehmigung hierfür zu beantragen, erscheint ihm als langwierige und obendrein unnütze Förmelei. Zu seinem Entsetzen verfügt die Bauaufsichtsbehörde, als sie von dem Bauwerk erfährt, den Abriss des Hochhauses. Zu Recht?

Eine Beseitigungsanordnung – auch Abrissverfügung genannt – ist das Gebot, die bauliche Anlage ganz oder teilweise zu beseitigen, sprich: zu zerstören. Aufgrund der Schwere des Eingriffs ist eine Beseitigungsanordnung nur bei formeller wie materieller Illegalität der baulichen Anlage rechtmäßig, d.h. das Vorhaben muss ohne die erforderliche Genehmigung errichtet worden sein und außerdem in Widerspruch zu den Anforderungen des materiellen Baurechts stehen. Solange eine wirksame Baugenehmigung vorliegt, kommt eine Beseitigungsanordnung nicht in

Betracht. Die Baugenehmigung müsste zuvor von der Behörde gemäß §§ 48, 49 VwVfG des jeweiligen Bundeslands aufgehoben worden sein.

In Fall 121 fehlt es an einer Baugenehmigung; das Bürogebäude ist demnach formell illegal errichtet worden. Auch steht die Errichtung eines Bürogebäudes in einem reinen Wohngebiet in Widerspruch zu den Festsetzungen des Bebauungsplans, so dass auch materielle Illegalität vorliegt. Die Abrissverfügung durfte ergehen.

■ Fall 122

Jurastudent und Bücherwurm B benötigt Bares und eröffnet im vorderen Raum seiner 2-Zimmer-Wohnung (die in einem reinen Wohngebiet liegt) einen Buchladen für gebrauchte juristische Kommentare. Als die Bauaufsichtsbehörde hiervon erfährt, untersagt sie ihm die Nutzung der Wohnräume für eine gewerbliche Tätigkeit. Ist die Bauordnungsverfügung rechtmäßig?

Eine Baunutzungsuntersagung ergeht, wenn nicht die Anlage selbst, sondern nur ihre Nutzung baurechtswidrig ist. Umstritten ist, ob für eine Baunutzungsuntersagung bereits die formelle Illegalität ausreicht oder ob auch materielle Illegalität vorliegen muss. Einer Auffassung zufolge genügt die formelle Illegalität, da die Eingriffsintensität derjenigen einer Stilllegungsverfügung vergleichbar sei: Es würden nämlich keine Vermögenswerte vernichtet. Nach anderer Ansicht ist wegen der weit reichenden wirtschaftlichen Folgen einer Nutzungsuntersagung auch materielle Illegalität erforderlich: Die Nutzungsuntersagung könne das Eigentum ebenso entwerten wie die Beseitigungsanordnung.

Die Bauordnungsverfügung aus Fall 122 ist rechtmäßig: B hat keine Genehmigung für die Nutzung der Wohnräume als Buchladen, so dass diese sich als formell illegal darstellt. Zudem verstößt die Nutzung der Räume als Gewerbebetrieb in einem reinen Wohngebiet gegen die Vorschriften des BauGB i.V.m. der BauNVO. Sie ist demnach auch als materiell illegal einzustufen. Nach beiden Ansichten liegen daher die Voraussetzungen für den Erlass der Nutzungsuntersagung vor.

Übersicht 29: Bauordnungsverfügungen

Die Anforderungen an Bauordnungsverfügungen variieren je nach der Schwere des Eingriffs: Teilweise genügt die formelle Illegalität (keine Baugenehmigung), teilweise ist zusätzlich die materielle Illegalität (Widerspruch zu öffentlich-rechtlichen Vorschriften) erforderlich.

Stilllegungs-verfügung	Beseitigungs-anordnung	Nutzungs-untersagung
– formelle Illegalität	– formelle Illegalität – materielle Illegalität	– formelle Illegalität – materielle Illegalität (str.)

Auf die bauordnungsrechtliche Generalklausel lassen sich sonstige Maßnahmen, etwa gegen Verunstaltungen, stützen.

Lektion 15: Gewerbe- und Gaststättenrecht

Gewerberecht

Einzelhandel, Großhandel, Industrie und Handwerk, Personen- und Güterbeförderung, Banken, Versicherungen, Hotels und Gaststätten – dass all dies nicht ohne Regeln vor sich gehen kann, liegt auf der Hand.

In öffentlich-rechtlicher Hinsicht werden die genannten Betätigungen in erster Linie vom „Gewerberecht" erfasst: Als Teil der staatlichen Wirtschaftsüberwachung soll es die Allgemeinheit bzw. bestimmte Personen vor den Gefahren schützen, die die Ausübung eines Gewerbes mit sich bringt.

Grundlegend geregelt ist das Gewerberecht in der Gewerbeordnung. Heute im Sartorius unter Nr. 800 zu finden, wurde sie bereits 1869 vom Norddeutschen Bund erlassen. Mag die Gewerbeordnung seitdem auch zahlreiche Änderungen erfahren haben, so ist ihr Fortbestehen doch Ausdruck der Beständigkeit der gesetzesväterlichen Grundgedanken.

Die Gewerbeordnung reglementiert also das Gewerbe; was aber ist Gewerbe eigentlich? Schon die Begriffsbestimmung ist nicht ganz einfach, wie Leitsatz 20 zeigt:

Leitsatz 20

Der Begriff des Gewerbes

Gewerbe ist jede erlaubte, auf Gewinnerzielung gerichtete, dauerhaft ausgeübte, selbstständige Tätigkeit, die nicht Urproduktion, freier Beruf oder Verwaltung eigenen Vermögens ist.

Eindeutig ein Definitionsungetüm – und noch dazu eines, das in Klausuren wie mündlichen Prüfungen immer wieder gern abgefragt wird. Da hilft nur das Prinzip des steten Tropfens: Immer wieder einprägen. Was wiederum leichter fällt, wenn man mit den einzelnen Begriffsmerkmalen näher vertraut ist:

Fall 123

D ist Taschendieb. Seine Einkünfte erzielt er daraus, dass er auf feucht-fröhlichen Straßenfesten Angetrunkenen die Brieftaschen entwendet. Übt D ein Gewerbe aus?

Gewerbe können nur **erlaubte** Tätigkeiten sein. Erlaubt in diesem Sinne ist ein Verhalten, wenn es nicht generell gegen geltende Gesetze verstößt, wenn es also nicht „schlechthin gemeinschädlich" ist.

Das Verhalten des D in **Fall 123** ist als solches verboten: Auch wenn im Strafrecht wie im allgemeinen Sprachgebrauch gern von „gewerbsmä-ßigem" Diebstahl die Rede ist, stellt der Broterwerb des D kein Gewerbe dar. Die Gewerbeordnung gilt für ihn nicht.

Fall 124

O hat es sich zur Lebensaufgabe gemacht, funktionstüchtige Computer älteren Semesters zu sammeln und nach Lateinamerika zu verschiffen, damit Kinder aus ärmlichen Verhältnissen dort den Umgang mit dem Internet erlernen können. Wird O gewerblich tätig?

Ein Gewerbe übt nur derjenige aus, der einen Gewinn aus seinem Tun erstrebt. **Gewinnerzielungsabsicht** besteht, wenn mit einer gewissen Intensität ein wirtschaftlicher Vorteil ins Auge gefasst wird. Ob er tatsächlich erreicht wird, ist unerheblich.

Die gemeinnützige Tätigkeit der O aus **Fall 124** ist dagegen kein Gewerbe. Sie zielt nicht auf die Erwirtschaftung eines Gewinns ab.

Fall 125

Jeden Sommer eröffnet L direkt an der Strandpromenade seinen beliebten Eissalon „Da Luigi". Die Einnahmen genügen, um den gesamten Winter in der Wärme der sizilianischen Heimat zu verbringen. Unterliegt das sommerliche Tun des L den Regeln des Gewerberechts?

Gewerbe sind nur solche Tätigkeiten, die **dauerhaft** ausgeübt werden. Das ist dann der Fall, wenn sie nicht nur gelegentlich, sondern mit der Absicht der Regelmäßigkeit betrieben werden. Bei einmaligen Handlungen sind die Reglementierung des Gewerbetreibenden und der Schutz der Verbraucher in aller Regel nicht notwendig. Andererseits ist es für eine Gewerbeausübung nicht erforderlich, dass die Tätigkeit ununterbrochen ausgeübt wird. Auch saisonale Betätigungen stellen ein Gewerbe dar. Der Betrieb des L aus Fall 125 unterliegt damit den Regeln des Gewerberechts.

▌ Fall 126

Arbeitnehmer A arbeitet in einer Schlachterei. Eines Tages weist seine Lohnabrechnung einen beträchtlichen Abzugsposten „Gewerbesteuer" aus. A ist wenig geneigt, die Steuer zu zahlen. Zu Recht?

Letztes der vier Positivmerkmale der Gewerbedefinition (also derjenigen, die vorliegen müssen) ist die Selbstständigkeit. Selbstständig handelt, wer das wirtschaftliche Risiko selbst trägt und keinen Weisungen Dritter unterliegt. Arbeitnehmer sind demnach keine Gewerbetreibenden.

Die Lösung des Falls 126 lautet also: A übt als Schlachtereiangestellter kein Gewerbe aus; er muss demnach auch keine Gewerbesteuer abführen.

▌ Fall 127

Jeden Morgen begibt sich F mit seinem kleinen Fischkutter auf hohe See. Die gefangenen Garnelen übergibt er an seinen Neffen, der damit unter den Gourmets eines kleinen Küstenorts auf finanziellen Fischzug geht. Übt F ein Gewerbe aus?

Die Gewinnung von Naturerzeugnissen durch Nutzung von Grund und Boden – die sogenannte „Urproduktion" – stellt kein Gewerbe dar. Das lässt sich auch § 6 GewO entnehmen, der beispielhaft die Fischerei, das Bergwesen und die Viehzucht nennt.

Fischer F aus Fall 127 übt demnach kein Gewerbe aus.

▌ Fall 128

Gewerbeaufsichtsbeamter G ärgert sich über Rechtsanwalt R, der seinen Erzfeind und Nachbarn N im Rechtsstreit über die Grundstücksgrenze vertritt. Er überlegt, ob er ihm sein „Gewerbe" untersagen könne. Möglich?

Nicht gewerblich handeln Angehörige so genannter freier Berufe. Freie Berufe sind nach traditionellem Begriffsverständnis Tätigkeiten, für die eine höhere Bildung erforderlich ist und bei der die eigenverantwortliche und persönliche Tätigkeit auf berufsethischer Grundlage gegenüber dem

Gewinnstreben im Vordergrund steht. Rechtsanwälte, Ärzte, Wirtschafts-prüfer oder Architekten sind nicht gewerblich tätig.

R aus Fall 128 unterliegt demnach nicht der Kontrolle des Gewerberechts. G muss seiner Wut auf andere Weise Luft machen.

■ Fall 129

V ist stolzer Eigentümer zweier Wohnungen. Die eine bewohnt er selbst, die andere vermietet er. Wird er im Hinblick auf letztere gewerblich tätig?

Keine gewerbliche Betätigung ist die Verwaltung eigenen Vermögens. Ihr fehlt es an der Intensität des Gewinnstrebens und der Nachhaltigkeit der Beschäftigung, die für das Verständnis eines Gewerbebetriebs typisch sind. Die Vermietung seiner Zweitwohnung macht V demnach nicht zum Gewerbetreibenden.

Übersicht 30 fasst die Merkmale des Gewerbebegriffs nochmals zusammen:

Übersicht 30: Die einzelnen Merkmale des Gewerbebegriffs	
Gewerbe: Jede erlaubte, auf Gewinnerzielung gerichtete, dauerhaft ausgeübte, selbstständige Tätigkeit, die nicht Urproduktion, freier Beruf oder Verwaltung eigenen Vermögens ist.	
Erlaubt	nicht schlechthin gemeinschädlich – z.B. bei „gewerbsmäßigem" Diebstahl, Menschenhandel
Gewinnerzielungsabsicht	wirtschaftlicher Vorteil angestrebt – bei gemeinnütziger Tätigkeit
Dauerhaft	nicht nur gelegentlich, sondern mit Absicht der Regelmäßigkeit – bei einmaligen Tätigkeiten
Selbstständig	wirtschaftliches Risiko, keine Weisungen Dritter – bei Arbeitnehmern

Keine Urproduktion	Gewinnung von Naturerzeugnissen – z.B. Fischerei, Bergwesen, Viehzucht
Keine freiberufliche Tätigkeit	persönliche Dienstleistungen höherer Art – z.B. Rechtsanwälte, Ärzte, Architekten
Verwaltung eigenen Vermögens	etwa Vermietung von Eigentumswohnungen

Fall 130

A möchte einen Tante-Emma-Laden eröffnen, B eine Werkstatt betreiben und C Toner für Laserdrucker verkaufen. Bedürfen Sie dazu einer Erlaubnis der Gewerbeaufsichtsbehörde?

In § 1 I GewO ist der Grundsatz geregelt, dass der Betrieb eines Gewerbes grundsätzlich jedermann gestattet ist, soweit nicht durch Gesetz Ausnahmen oder Beschränkungen vorgeschrieben sind. Das Prinzip der Gewerbefreiheit ist ein subjektives öffentliches Recht, das seit den Zeiten des wirtschaftlichen Liberalismus Gültigkeit hat. Es bedeutet jedoch nicht etwa Freiheit von jeglicher rechtlicher Bindung. Wer § 1 I GewO aufmerksam durchliest, dem wird schnell klar: Er bezieht sich nur auf die Gestattung des Betriebs eines Gewerbes. Dessen Ausübung betrifft die Gewerbefreiheit nicht. Sie kann vielmehr in vielerlei Weise reglementiert werden. „Gewerbefreiheit" bedeutet also nur Gewerbezulassungsfreiheit, nicht Gewerbeausübungsfreiheit.

Ihre geplanten Gewerbebetriebe dürfen A, B und C aus Fall 130 demnach ohne Zulassung eröffnen; die Ausübung ihres Gewerbes kann jedoch verschiedensten Regelungen unterliegen.

Leitsatz 21

!

Gewerbefreiheit

§ 1 GewO enthält den Grundsatz der Gewerbefreiheit: Danach darf jedermann ohne besondere Erlaubnis ein Gewerbe betreiben.
Die Gewerbefreiheit gilt allerdings nur für die Gewerbezulassung („Ob"), die Gewerbeausübung („Wie") kann reglementiert werden.

Allgemeines Gewerberecht

Wie im vorangegangenen Kapitel bereits erwähnt, sind die grundlegenden gesetzlichen Vorschriften über die gewerbliche Tätigkeit in der Gewerbeordnung zu finden; sie ist sozusagen das „Grundgesetz" des Gewerberechts. Für bestimmte einzelne Gewerbearten gelten Spezialregelungen: So etwa für das Gaststättengewerbe das Gaststättengesetz (GastG – Sartorius Nr. 810) oder für das Handwerk die Handwerksordnung (HandwO – Sartorius Nr. 815).

Doch auch die nicht spezialgesetzlich geregelten Arten von Gewerbe lassen sich noch unterteilen:

■■■ Fall 131

X handelt in seinem Ladengeschäft mit Schnittblumen, Y betätigt sich mit seinem kleinen mobilen Stand in verschiedenen Kaufhäusern als Zeitschriftenwerber und Z preist als Marktschreier seine Bioeier auf dem Wochenmarkt an. Welchen Arten von Gewerbe gehört ihre Tätigkeit an?

Die Gewerbeordnung darf sich zu den strukturierteren gesetzlichen Bestimmungen zählen. Wie ein Blick in die Inhaltsübersicht offenbart, kennt sie drei Arten von Gewerbe: Das stehende Gewerbe (§§ 14 – 52 GewO), das Reisegewerbe (§§ 55 – 61a GewO) und den Marktverkehr (§§ 64 – 71a GewO). Vorangestellt sind den verschiedenen Gewerbearten allgemeine Bestimmungen über die Gewerbeausübung (§§ 1 – 13 GewO). Der Grund für die besonderen Regelungen ist folgender: Wegen seiner wirtschaftsbelebenden Funktion soll das Marktgewerbe möglichst ungebunden sein, das Reisegewerbe wegen der mit ihm verbundenen Gefahren dagegen möglichst strikt geregelt.

Kennzeichnend für das stehende Gewerbe ist, dass es von einer gewerblichen Niederlassung – in aller Regel Büro, Laden oder Werkstätte – aus betrieben wird. Das stehende Gewerbe ist die gewerberechtliche Grundform und zugleich am prüfungsrelevantesten; im Folgenden wollen wir uns daher allein mit ihm auseinandersetzen.

Doch zuvor zurück zu Fall 131: Der Einteilung der Gewerbeordnung zufolge übt Blumenhändler X ein stehendes Gewerbe, Zeitschriftenwerber Y ein Reisegewerbe und Marktschreier Z ein Marktgewerbe aus.

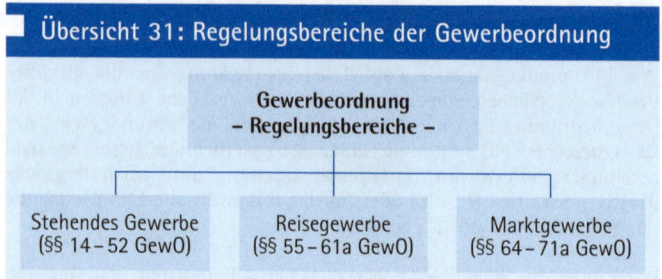

Übersicht 31: Regelungsbereiche der Gewerbeordnung

Gewerbeordnung
– Regelungsbereiche –

| Stehendes Gewerbe (§§ 14–52 GewO) | Reisegewerbe (§§ 55–61a GewO) | Marktgewerbe (§§ 64–71a GewO) |

Fall 132

Kleine Wiederholungsfrage zur vorangegangenen Lektion: Bedarf es zum Betrieb eines Gewerbes einer Gestattung?

Die Gewerbeausübung ist gemäß § 1 I GewO grundsätzlich erlaubnisfrei (Prinzip der Gewerbefreiheit): Der Betrieb eines Gewerbes ist jedermann ohne besondere Zulassung gestattet. Der Gewerbetreibende ist gemäß § 14 GewO jedoch verpflichtet, die Ausübung anzuzeigen. Die Anzeigepflicht soll bewirken, dass die Gemeinde über Zahl und Art der auf ihrem Gebiet bestehenden Gewerbebetriebe unterrichtet ist und die Gewerbeausübung effektiv überwachen kann. Wer den Betrieb seines Gewerbes nicht anzeigt, begeht eine Ordnungswidrigkeit.

Erlaubnispflichtige Gewerbe

Fall 133

Zocker Z will – nicht zuletzt auch zu seinem Privatvergnügen – eine Spielhölle eröffnen. In einer wüsten Fernsehdiskussionsrunde unter Rechtskundigen hat er den Begriff „Gewerbefreiheit" aufgeschnappt und meint daher, für sein Vorhaben keine gewerberechtliche Erlaubnis zu benötigen. Ist das richtig?

Kein Grundsatz ohne Ausnahme: Auch das Prinzip der Gewerbefreiheit kennt seine Grenzen. Besonders gefahrträchtige gewerbliche Tätigkeiten dürfen nur mit behördlicher Erlaubnis begonnen werden. Im Erlaubnisverfahren überprüft die Gewerbeaufsichtsbehörde insbesondere die persönliche Zuverlässigkeit des Gewerbetreibenden. Wann ein Gewerbe nur mit Erlaubnis aufgenommen werden darf, regelt die Gewerbeordnung in ihren §§ 30 – 34c: Einer behördlichen Zulassung bedarf es danach etwa für den Betrieb einer Privatklinik (§ 30 GewO), die Schaustellung von Personen (§ 33a GewO), Spielhallen (§ 33i GewO), das Bewachungsgewerbe (§ 34a GewO) oder Versteigerer (§ 34b GewO).

Zur Lösung des Falls 133: Für die Eröffnung einer Spielhalle ist gemäß § 33i GewO eine Erlaubnis erforderlich, bringt ihr Betrieb doch erhebliche Gefahren insbesondere für Jugendliche und Spielsüchtige mit sich. Z muss sich also um eine entsprechende Konzession bemühen.

▬ Fall 134

W ist ebenso winzig wie schmächtig. Seinem Kneipenkumpel K kommt eines bierseligen Tages die Idee, die Statur des W in bare Münze zu verwandeln – und gleichzeitig eine neue Sportart ins Leben zu rufen: Den „Zwergenweitwurf". Im Stadtpark soll W von zahlenden Parkbesuchern zur allgemeinen Belustigung möglichst weit fortgeschleudert werden. W erklärt sich bereit. Von seinem abgebrochenen Jurastudium blieb K im Gedächtnis, dass die geplante Schaustellung von Personen einer Erlaubnis bedarf. Eiligst macht er sich auf den Weg zur Gewerbeaufsichtsbehörde. Wird ihm dort eine Zulassung erteilt werden?

Zu den wenigen erlaubnispflichtigen Gewerben gehört gemäß § 33a GewO die Schaustellung von Personen. Wann für sie eine Zulassung erteilt werden kann, regelt § 33a II GewO. U.a. darf sie gemäß § 33a II Nr. 2 GewO nicht gegen die guten Sitten verstoßen.

Der in Fall 134 beabsichtigte Zwergenweitwurf verstößt gegen die guten Sitten. In der geplanten Sportart wäre eine Verletzung der Menschenwürde zu erblicken, würde W doch dabei zum bloßen Objekt herabgewürdigt. K muss eine andere Geldquelle auftun; die behördliche Erlaubnis wird ihm in diesem Fall versagt bleiben.

▬ Fall 135

H betreibt einen Striptease-Club in der Hamburger Herbertstraße. Als selbsternannter „Herzog von St. Pauli" meint er, keiner behördlichen Genehmigung zu bedürfen. Umso größer ist die Verwunderung, als die Gewerbeaufsichtsbehörde die Schließung seines Betriebs verfügt. Ist H zu Recht verwundert?

Wird ein erlaubnispflichtiges Gewerbe ohne entsprechende Zulassung betrieben, so kann die zuständige Behörde die Fortsetzung des Betriebes verhindern, indem sie gemäß § 15 II 1 GewO eine sogenannte Schließungsverfügung erlässt. Das gilt sowohl für den Fall, dass die erforderliche Erlaubnis von vornherein fehlt als auch dann, wenn wegen nachträglich eingetretener Gefahren eine bereits erteilte Erlaubnis wieder aufgehoben worden ist. § 15 II GewO bezweckt, unerlaubte gewerbliche Tätigkeiten zu verhindern. Er soll die für bestimmte Gewerbe bestehende Erlaubnispflichtigkeit absichern.

Wie eben gesehen, bedarf die Schaustellung von Personen gemäß § 33a GewO einer Zulassung. Stripteasevorführungen wie in Fall 135 fallen darunter. Der Herzog von St. Pauli hätte demnach eine Konzession beantragen müssen. Sein ohne eine solche betriebenes erlaubnispflichtiges Gewerbe hat die Behörde folgerichtig gemäß § 15 II GewO geschlossen. Merke: Auch Fürsten unterliegen der Gewerbeordnung.

> ## Übersicht 32: Behördliche Instrumentarien gegenüber erlaubnispflichtigen Gewerbebetrieben
>
> Welche Gewerbe einer Erlaubnis bedürfen, regeln die §§ 30–34c GewO. Darunter fallen etwa die Schaustellung von Personen, Spielhallen oder das Bewachungsgewerbe.
> Die Behörde kann in diesen Fällen
>
> 1. vor Zulassungserteilung die jeweiligen gesetzlichen Anforderungen der §§ 30–34c GewO überprüfen
>
> 2. bei nachträglich eintretenden Gefahren die Erlaubnis aufheben
>
> 3. ohne Erlaubnis betriebene Gewerbe gemäß § 15 II GewO schließen

Erlaubnisfreie Gewerbe

Die große Mehrzahl der Gewerbebetriebe ist erlaubnisfrei. Jedermann darf also mit ihnen beginnen, ohne eine behördliche Zulassung zu benötigen. Was aber, wenn die gewerbliche Tätigkeit Gefahren verursacht?

Fall 136

L betreibt ein kleines unauffälliges Geschäft für Schreibwaren. Durch eine Hintertür des Ladens gelangt man in großzügige Räumlichkeiten, die genug Platz für die ebenso unerlaubten wie gut besuchten Roulette-veranstaltungen des L bieten. Da L selbst dem Spiel sehr zugetan ist, beschäftigt er für das Ladengeschäft einen Verkäufer, den er schwarz entlohnt. Für die Beachtung der den Laden betreffenden Steuerbescheide fehlt L schlicht die Zeit; Steuern hat er daher noch nie abgeführt. Was würde die Gewerbeaufsichtsbehörde tun, wenn sie von vorstehenden Tatsachen Kenntnis erlangte?

Ist bei einem erlaubnisfreien Gewerbe der Gewerbetreibende unzuverläs-sig, so kann die Behörde die weitere Gewerbeausübung gem. § 35 I GewO untersagen, sofern die Untersagung zum Schutze der Allgemeinheit oder der im Betrieb Beschäftigten erforderlich ist. § 35 GewO soll einen Miss-brauch der Gewerbefreiheit schnell und wirksam verhindern.

Zentraler Begriff des § 35 GewO ist die Unzuverlässigkeit des Gewer-betreibenden: Unzuverlässig ist ein Gewerbetreibender, der nach dem Gesamteindruck seines Verhaltens nicht die Gewähr dafür bietet, dass er sein Gewerbe künftig ordnungsgemäß betreibt. Erforderlich ist eine auf die Zukunft bezogene Prognoseentscheidung, die auf nachweisbaren Tatsachen beruht; bloße Vermutungen genügen nicht: Die Behörde hat die in der Vergangenheit eingetretenen Tatsachen daraufhin zu beur-teilen, ob sie auf eine Unzuverlässigkeit des Gewerbetreibenden in der Zukunft schließen lassen. Entscheidend ist, ob der Gewerbetreibende nach den gesamten Umständen wahrscheinlich auch weiterhin nicht willens oder in der Lage ist, seine beruflichen Pflichten zu erfüllen. Typische Fälle einer anzunehmenden Unzuverlässigkeit sind etwa gewer-bebezogene Straftaten, Nichtabführung von Steuern oder wirtschaftliche Leistungsunfähigkeit. Da die Gewerbeuntersagung nach § 35 GewO der Gefahrenabwehr dient, ist ein Verschulden des Gewerbetreibenden nicht erforderlich. Deshalb ist auch die Ursache für die Untersagung unerheb-lich.

Leitsatz 22

Unzuverlässigkeit eines Gewerbetreibenden

Unzuverlässig ist ein Gewerbetreibender, der nach dem Gesamteindruck seines Verhaltens nicht die Gewähr dafür bietet, dass er sein Gewerbe künftig ordnungsgemäß betreibt.

Erforderlich ist eine zukunftsbezogene Prognoseentscheidung, die auf nachweisbaren Tatsachen beruht.

Typische Fallgruppen sind gewerbebezogene Straftaten, Nichtabführung von Steuern oder wirtschaftliche Leistungsunfähigkeit.

Zurück zu **Fall 136**: Aufgrund der illegalen Veranstaltung von Glücksspielen, der Beschäftigung eines Schwarzarbeiters sowie der nicht abgeführten Steuern ist davon auszugehen, dass L sein Ladengeschäft auch künftig nicht ordnungsgemäß betreiben wird. Bei entsprechender Kenntnis wird die Behörde ihm daher die Fortführung seines Gewerbes gemäß § 35 I GewO untersagen.

Fall 137

T ist Transportunternehmer. In seiner Freizeit ist er innerhalb kurzer Zeit nun bereits zweimal wegen Geschwindigkeitsüberschreitungen aufgefallen. Die Behörde untersagt ihm daher gemäß § 35 I GewO die weitere Ausübung seines Transportbetriebs. Ist die Gewerbeuntersagung rechtmäßig?

Unzuverlässigkeit im Sinne von § 35 GewO liegt dann nicht vor, wenn ein Verhalten keine Auswirkungen auf den Gewerbebetrieb zeigt. Das gilt insbesondere für Handlungen, die anderen Lebensbereichen zuzuordnen sind.

Die Gewerbeuntersagung aus **Fall 137** ist folglich nicht rechtmäßig, da T die Verkehrsordnungswidrigkeiten ausschließlich in seiner Freizeit beging; sie wiesen keinerlei Gewerbebezug auf. T wird die Gewerbeuntersagung erfolgreich mit Widerspruch bzw. Anfechtungsklage angreifen können.

Spezialregelungen für Gaststätten

Das Gaststättengewerbe beschäftigt sich mit der Zubereitung von Speis und Trank sowie der Beherbergung von Personen – es liegt auf der Hand, dass hier besondere Gefahren lauern. Eigens für diese Gewerbeart hat der Gesetzgeber daher spezielle Regelungen geschaffen, die im Gaststättengesetz (GastG – Sartorius Nr.810) zu finden sind. Beschäftigt sich das Gaststättengesetz mit einer bestimmten Frage, so geht die dort getroffene Regelung derjenigen der Gewerbeordnung vor. Enthält das Gaststättengesetz keine Spezialregelung, so ist gemäß § 31 GastG auf die Gewerbeordnung als Auffanggesetz zurückzugreifen.

Leitsatz 23

!

Das Verhältnis des Gaststättengesetzes zur Gewerbeordnung

Das Gaststättengesetz ist gegenüber der Gewerbeordnung Spezialgesetz: Enthält es zu bestimmten Fragen eine Regelung, so geht es der Gewerbeordnung vor. Trifft es keine spezielle Regelung, ist gemäß § 31 GastG auf die Gewerbeordnung als Auffanggesetz zurückzugreifen.

▉ Fall 138

A ist ein Workaholic: Nicht nur, dass er sein Wohnhaus abgesehen von einem kleinen Privatraum zu einem Hotel umfunktioniert hat; die Zimmer des Erdgeschosses dienen ihm zudem als Kneipe bzw. Restaurant. Handelt es sich bei den Betrieben des A um Gaststättengewerbe?

Was überhaupt als Gaststätte anzusehen ist und damit den Regelungen des Gaststättengesetzes unterfällt, regelt § 1 GastG: Eine Gaststätte liegt vor, wenn eine Schankwirtschaft, Speisewirtschaft oder ein Beherbergungsbetrieb auf eine Weise gewerblich betrieben wird, dass sie jedermann oder einem bestimmten Personenkreis zugänglich ist.

Zum Begriff des Gaststättengewerbes die Übersicht 33.

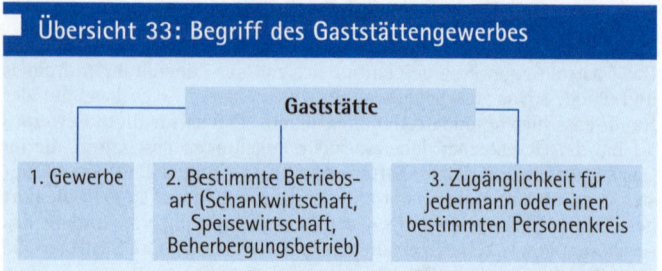

Übersicht 33: Begriff des Gaststättengewerbes

Gaststätte

| 1. Gewerbe | 2. Bestimmte Betriebs-art (Schankwirtschaft, Speisewirtschaft, Beherbergungsbetrieb) | 3. Zugänglichkeit für jedermann oder einen bestimmten Personenkreis |

Die Tätigkeit des A aus Fall 138 vereint die drei klassischen Fälle des Gaststättengewerbes: Schankwirtschaft, Speisewirtschaft und Beherbergungsbetrieb. Sein Tun unterliegt damit den Regelungen des Gaststättengesetzes.

Frage 139
§ 2 I 1 GastG lautet: Wer ein Gaststättengewerbe betreiben will, bedarf der Erlaubnis. Was fällt auf im Vergleich zur Gewerbeordnung?

Gemäß § 2 I GastG ist der Betrieb einer Gaststätte grundsätzlich erlaubnispflichtig; Ausnahmen gelten etwa nach § 2 II–IV GastG. Während die Gewerbeordnung in ihrem § 1 gleich eingangs die Gewerbefreiheit normiert, das Gewerbetreiben also grundsätzlich ohne Erlaubnis möglich ist, gilt für das Spezialgebiet Gaststättenrecht genau das Gegenteil: Prinzipielle Erlaubnispflichtigkeit, nur ausnahmsweise Zulassungsfreiheit. Der Grund liegt im erhöhten Gefährdungspotential des Betriebs einer Gaststätte: Das Gaststättengesetz dient neben dem Schutz der Gesundheit der Gäste der Bekämpfung des Alkoholmissbrauchs sowie der Sicherheit der im Betrieb Beschäftigten.

Die Antwort auf Frage 139 lautet also: Hinsichtlich der Erlaubnispflichtigkeit herrscht im Gaststättengesetz im Vergleich zur Gewerbeordnung eine Umkehrung des Regel-Ausnahme-Verhältnisses.

Fall 140
Direkt vor der Universitätsbibliothek hat G einen Erfrischungsgetränkeautomaten aufgestellt, der sich vor allem hinsichtlich des Kaffeeumsatzes als wahre Goldgrube erweist. Beim Auffüllen wird G von Jurastudent J

darauf hingewiesen, dass er für den Betrieb des Automaten eine Gaststättenerlaubnis benötige. Ist das richtig?

Die wenigen Fälle, in denen der Betrieb eines Gaststättengewerbes ohne Erlaubnis rechtens ist, sind insbesondere § 2 II–IV sowie 14 GastG zu entnehmen. Klassischer Fall ist etwa die Verabreichung alkoholfreier Getränke aus Automaten

Sofern der Automat den Studenten in Fall 140 also weder das verdiente Feierabendbierchen noch Hochprozentiges spendiert, benötigt G für dessen Aufstellung keine Gaststättenerlaubnis.

▮▮ Fall 141

S ist Mitglied der Susho-Sekte. In seiner Heimatstadt will er ein Lokal eröffnen und beantragt dafür eine Gaststättenerlaubnis. Der Antrag wird unter Hinweis auf seine Sektenzugehörigkeit abgewiesen. Ist die Zurückweisung rechtmäßig?

Welche Voraussetzungen die Behörde bei der Erteilung einer Gaststättenerlaubnis zu prüfen hat, regelt § 4 GastG. Dazu gehören insbesondere die persönliche Zuverlässigkeit des Antragstellers, die Eignung der Räumlichkeiten, die Umweltverträglichkeit des Betriebs sowie der Nachweis lebensmittelrechtlicher Kenntnisse. Sind die Anforderungen des § 4 GastG erfüllt, muss die Erlaubnis erteilt werden.

Zu Fall 141: Allein aus der Mitgliedschaft des S zur Susho-Sekte lässt sich eine gaststättenrechtliche Unzuverlässigkeit nicht ableiten. Die Erteilung der Erlaubnis hat die Behörde also zu Unrecht verweigert.

▮▮ Fall 142

Hotel-, Restaurant- und Kneipenbetreiber A ist nach kurzer Zeit als Wirt nicht mehr lediglich Workaholic: Auch einem kleinen Schnaps zwischendurch ist er nicht abgeneigt. Als der zuständigen Behörde dies zu Ohren kommt, will sie die Erlaubnis des A aufheben. Nach welcher Vorschrift (und vor allem welchem Absatz innerhalb der Regelung) kann sie dies tun?

Die Aufhebung einer bereits erteilten Gaststättenerlaubnis richtet sich nach § 15 GastG. Gemäß § 15 I GastG ist die Erlaubnis zwingend zurückzunehmen, wenn bereits bei ihrer Erteilung Versagungsgründe nach § 4 I

Nr. 1 GastG vorlagen, die Erlaubnis also von Anfang an rechtswidrig war. Nach § 15 II GastG ist die Erlaubnis zwingend zu widerrufen, wenn sie zwar ursprünglich rechtmäßig war, aber nachträglich Tatsachen eintreten, die eine Erlaubnisversagung nach § 4 I Nr. 1 GastG rechtfertigen würden. § 15 III GastG schließlich enthält Widerrufsgründe für verschiedene Spezialfälle wie die unbefugte Änderung der Betriebsart oder den Verstoß gegen Auflagen; in diesen Fällen steht die Aufhebung der Erlaubnis im Ermessen der Behörde.

Die dem A in **Fall 142** erteilte Erlaubnis war ursprünglich rechtmäßig, war er doch zu Beginn seiner gewerblichen Betätigung noch nicht im Sinne von § 4 I Nr. 1 GastG „dem Trunke ergeben". Da dies jedoch mittlerweile der Fall ist, muss die Behörde die Erlaubnis gemäß § 15 II GastG widerrufen.

▇ Fall 143

Trotz Widerrufs seiner Erlaubnis führt A die Gaststättenbetriebe unge-rührt fort. Was wird die Behörde unternehmen?

Nach Aufhebung der Gaststättenerlaubnis wird das Gewerbe ohne die nötige Zulassung betrieben. Unter Rückgriff auf die Vorschriften des allgemeinen Gewerberechts kann die Behörde die Schließung des Betriebs verfügen, und zwar gemäß § 31 GastG i.V.m. § 15 II GewO. Die Schließungsverfügung wiederum kann sie mit den Zwangsmitteln des Allgemeinen Verwaltungsrechts (insbesondere dem Zwangsgeld) durch-setzen.

In **Fall 143** wird die Behörde demnach die Schließung der Betriebe des A verfügen; diesen Verwaltungsakt kann sie nötigenfalls zwangsweise durchsetzen.

▇ Übersicht 34: Behördliche Instrumentarien zur Gefahren-abwehr im Gaststättengewerbe

1. Erlaubniserteilung: Prüfung der Versagungsgründe des § 4 GastG

2. ggf. Aufhebung der Gaststättenerlaubnis gemäß § 15 GastG

3. nach Aufhebung der Erlaubnis: Schließungsverfügung gemäß § 31 GastG i.V.m. § 15 II GewO

Lektion 16: Polizei- und Ordnungsrecht

▄▄ Fall 144

G ist Gewerbeaufsichtsbeamter. Zuhause erzählt er seinem Sohn S, dass er Polizist sei. Als S endlich das Erwachsenenalter erreicht hat, verlangt er von seinem Vater Aufklärung, warum er sich selbst stets als Polizisten bezeichnet habe. Hat G all die Jahre gelogen?

Die „Polizei" – bereits ins kindliche Gedächtnis brennt sie sich unvermeidlich ein, dafür sorgen bereits ihre Fahrzeuge, auffallend einheitlich, auffallend lautstark und auffallend deutlich mit immer demselben Schriftzug bedruckt. Was aber verbirgt sich eigentlich hinter dem Begriff?

Zu unterscheiden sind zwei Arten der Begriffsbestimmung:

Der materielle Polizeibegriff fragt nach dem Inhalt der Tätigkeit der Polizei, nach ihren Aufgaben. Die alten Preußen definierten diese 1794 so: „Die nöthigen Anstalten zur Erhaltung der öffentlichen Ruhe, Sicherheit und Ordnung, und zur Abwendung der dem Publico oder einzelnen Mitgliedern desselben bevorstehenden Gefahren zu treffen, ist das Amt der Polizey." (Allgemeines Landrecht für die Preußischen Staaten, § 10 Teil II Titel 17). Aufgabe der Polizei ist danach – und das gilt bis heute – die Gefahrenabwehr. Gefahrenabwehr aber betreiben nicht nur die in blau gekleideten Streifenwagenbesatzungen, sondern etwa auch die Gewerbeaufsichtsämter, Straßenverkehrsbehörden, Meldeämter, die Ordnungsbehörden also. Im materiellen Sinne zählen demnach auch sie zur Polizei.

Was Polizei dem formellen Polizeibegriff zufolge bedeutet, lässt sich bspw. dem Bayrischen Polizeiaufgabengesetz entnehmen: „Polizei im Sinne dieses Gesetzes sind die im Vollzugsdienst tätigen Dienstkräfte der Polizei ..." Die im Vollzugsdienst tätigen Dienstkräfte der Polizei – da haben wir ihn, den uniformierten „Freund und Helfer". Der formelle Polizeibegriff entspricht also eher dem allgemeinen Sprachgebrauch. Im formellen Sinne – also den für die Polizei geltenden Gesetzen zufolge – gehört zu den Aufgaben der Polizei übrigens nicht nur die Gefahrenabwehr, sondern auch die Straf- und Ordnungswidrigkeitenverfolgung.

Zurück zu Fall 144: „Polizei" muss sich nicht auf das beschränken, was man aus Film und Fernsehen kennt: Streife gehen, den Verkehr

regeln oder Verbrecher aufspüren. Vielmehr kann darunter je nach
Begriffsbestimmung auch die verwaltungsmäßige Sachbearbeitung zur
Gefahrenabwehr fallen: Dem materiellen Polizeibegriff zufolge ist der
Gewerbeaufsichtsbeamte G „Polizist". Sein Sohn S darf stolz sein.

Leitsatz 24

!

Der Begriff der Polizei

Was „Polizei" ist, wird unterschiedlich definiert. Dem materiellen
Polizeibegriff zufolge gehört zum Polizeirecht das gesamte Recht
der Gefahrenabwehr. Danach sind etwa auch Bauaufsichts- oder
Straßenverkehrsbehörden polizeilich tätig.

Der formelle Polizeibegriff orientiert sich daran, welche Aufgaben
der Polizei im institutionellen Sinne gesetzlich zugewiesen sind. Ihm
zufolge gehören der Polizei die uniformierten Vollzugskräfte an, Bau-
oder Gewerbeaufsichtsämter dagegen nicht.

▆▆ Frage 145

Für die gesetzlichen Regelungen des Polizeirechts sind gemäß Arti-
kel 70 GG die Bundesländer zuständig. Nach Art. 83 GG vollziehen sie
zudem die Gefahrenabwehrgesetze des Bundes und ebenso der Länder.
Was bedeutet das für Aufbau und Organisation der Polizei?

Sowohl Aufbau wie auch Zuständigkeit der Polizei unterscheiden sich
von Bundesland zu Bundesland: Es existieren 16 „Polizeien" auf Landesebene. In der Gestaltung des Polizeirechts spiegeln sich dabei die gerade
angesprochenen Polizeibegriffe wider, und zwar in zwei grundsätzlich
unterschiedlichen Modellen:

In Baden-Württemberg, Bremen, Sachsen und dem Saarland, die sich
am materiellen Polizeibegriff orientieren, gehört das gesamte Gefahrenabwehrrecht zum Polizeirecht. Ein davon zu unterscheidendes Ordnungsrecht existiert nicht. Die genannten Länder kennen ausschließlich
eine einheitliche Behördenorganisation zur Gefahrenabwehr, folgen
damit dem so genannten Einheitssystem: Die „Gewerbepolizei" etwa
ist für alle auf dem Gebiet des Gewerberechts anfallenden Maßnahmen
zuständig; sie umfasst dabei sowohl die entsprechenden Verwaltungsbehörden wie auch den Polizeivollzugsdienst. Lediglich begrifflich kennen

Baden-Württemberg, Bremen, Sachsen und das Saarland eine Trennung zwischen Polizeivollzugsbehörden und Polizeiverwaltungsbehörden.

In den übrigen Bundesländern, deren Regelungen vom formellen Polizeibegriff geprägt sind, wird zwischen Polizeibehörden und Ordnungsbehörden differenziert (so genanntes Trennsystem): Ausländeramt, Bauordnungsamt und Gewerbeaufsichtsamt sind Ordnungsbehörden, die meist uniformierten Vollzugskräfte bilden die Polizei. Die Ordnungsämter handeln bürokratisch-verwaltungsmäßig; typische Handlungsformen sind Untersagungen, Genehmigungen, Auflagen etc. Aufgrund dessen, dass ihnen Vollzugskräfte in aller Regel fehlen, sind sie auf die Vollzugshilfe der Polizei angewiesen.

Allein Nordrhein-Westfalen, Thüringen, Bayern und Brandenburg allerdings haben für die Polizei und die Ordnungsbehörden getrennte Regelungen erschaffen: Für die Polizei gelangt in Nordrhein-Westfalen das Polizeigesetz, in Thüringen und Bayern das Polizeiaufgabengesetz sowie in Brandenburg das Gesetz über die Aufgaben und Befugnisse der Polizei zur Anwendung.

In den übrigen Ländern, die zwischen Polizei- und Ordnungsbehörden trennen, gelten die jeweiligen Gefahrenabwehrgesetze sowohl für die polizeiliche als auch für die ordnungsbehördliche Tätigkeit (so etwa in Schleswig-Holstein das Landesverwaltungsgesetz, in Mecklenburg-Vorpommern das Sicherheits- und Ordnungsgesetz Mecklenburg-Vorpommern oder in Niedersachsen das Niedersächsische Gesetz über die öffentliche Sicherheit und Ordnung).

Das Verhältnis von Ordnungs- und Polizeibehörden im Trennsystem ist durch den Grundsatz der subsidiären Zuständigkeit der Polizeivollzugsbehörden gekennzeichnet. Die Polizei darf nur tätig werden, wenn die Abwehr der Gefahr durch die Ordnungsbehörden nicht oder nicht rechtzeitig möglich erscheint. Praktisch sind die Ordnungsbehörden auf eine Zusammenarbeit mit der Polizei angewiesen; dies bereits deshalb, weil sie häufig erst durch die polizeiliche Tätigkeit von Gefahren erfahren und zudem bei deren Bekämpfung oft auf polizeiliche Vollzugshilfe zurückgreifen müssen. In vielen Fällen wäre eine Gefahrenabwehr durch die eigentlich zuständige Ordnungsbehörde darüber hinaus nicht mehr rechtzeitig möglich, so dass der Eilzuständigkeit der Polizei in der Praxis eine bedeutende Rolle zukommt.

Im Laufe eines Berufslebens, das mit dem Verwaltungsrecht Berührungs-
punkte aufweist, wird selbst der Heimatverbundendste mit dem Polizei-
und Ordnungsrecht anderer Bundesländer Bekanntschaft machen; es
macht daher Sinn, Übersicht 35 nicht nur hinsichtlich der eigenen Gefilde
zu betrachten:

Übersicht 35: Aufbau und Organisation der Polizei

Auf Landesebene existieren zwei unterschiedliche Modelle der Behördenorganisation: Das am materiellen Polizeibegriff orientierte Einheitssystem
und das am formellen Polizeibegriff orientierte Trennsystem. Die für die
jeweilige Landespolizei geltenden Gesetze sind im Folgenden aufgeführt:

Einheitssystem

– gesamtes Gefahrenabwehrrecht ist Polizeirecht

– gilt in den Ländern Baden-Württemberg (BWPolG), Bremen (HB PolG),
  Sachsen (Sächs PolG) und dem Saarland (Saarl PolG)

Trennsystem

– Unterscheidung zwischen Polizei- und Ordnungsbehörden

– eigene Gesetze für die Polizei sind nur in Nordrhein-Westfalen (NW
  PolG), Thüringen (Th PAG), Bayern (Bay PAG) und Brandenburg (Bbg PolG)
  geschaffen worden

– ansonsten gelten die jeweiligen Gefahrenabwehrgesetze sowohl für die
  polizeiliche wie auch für die ordnungsbehördliche Tätigkeit, nämlich in
  Hessen (He SOG), Mecklenburg-Vorpommern (MV SOG), Niedersachsen
  (Nds SOG), Rheinland-Pfalz (RP POG), Sachsen-Anhalt (LSA SOG) und
  Schleswig-Holstein (SH LVwG), Hamburg (HH SOG) und Berlin (Berl
  ASOG).

Befugnisse der Polizei

Standardmaßnahmen

Fall 146

In seiner Stammkneipe hat W erneut seine Standfestigkeit unter Beweis
gestellt. Auf den verschlungenen Pfaden zu seinem Kraftfahrzeug läuft er
zwei Polizisten über den Weg. Als er diesen erklärt, dass er den Heimweg

motorisiert antreten wolle, stellen sie den Autoschlüssel des W sicher. Um was für eine Maßnahme handelt es sich dabei? Ist diese rechtens?

Zur Gefahrenabwehr stehen der Polizei verschiedene gesetzliche Befugnisse zu. Typische polizeiliche Eingriffe in Freiheit und Eigentum der Bürger sind gesondert als sogenannte **Standardmaßnahmen** geregelt. Die jeweiligen Vorschriften geben detailliert vor, unter welchen Voraussetzungen diese „klassischen" Eingriffe in Grundrechte erfolgen dürfen. Zu den Standardmaßnahmen gehören etwa die Durchsuchung von Personen oder Sachen, das Betreten und Durchsuchen von Wohnungen, die Vorladung oder der Platzverweis.

Ein wenig Polizeiarbeit auch für Sie: Spüren Sie in dem für Sie maßgeblichen Landesgesetz die Standardmaßnahme „Sicherstellung" auf. Die weiteren Standardmaßnahmen werden Sie in deren Nähe finden.

In Fall 146 haben die beiden Polizisten den Autoschlüssel des W im Wege der Sicherstellung an sich genommen; die Sicherstellung ist eine Standardmaßnahme der Gefahrenabwehrgesetze. Eine Sache kann sichergestellt werden, um eine gegenwärtige Gefahr abzuwehren. Dabei kann die Gefahr in der Sache selbst liegen oder etwa auch aus ihrer Verwendung durch den Inhaber der Sachherrschaft herrühren. Hier drohte die Gefahr, dass W mittels des Autoschlüssels eine strafbare Trunkenheitsfahrt begehen würde.

■■■ Fall 147

Aus dem Fenster seines Streifenwagens erblickt Polizist P seine Angebetete A, von der er bislang weder Namen noch Adresse kennt. Er fragt sich, ob er diesem Zustand im Rahmen einer Identitätsfeststellung ein Ende bereiten könnte. Darf er?

Unter den landesgesetzlichen Standardmaßnahmen findet sich u.a. auch die „Identitätsfeststellung": Die Polizei kann unbekannte Personen anhalten, sie nach ihren Personalien befragen und verlangen, dass sie mitgeführte Papiere zur Prüfung aushändigen. Voraussetzung ist freilich, dass die Maßnahme der Abwehr einer gegenwärtigen Gefahr dient.

Ohne entsprechenden Anlass darf P in Fall 147 die Identität der A selbst dann nicht feststellen, wenn dies viele weitere Monate einsamer Sehnsucht bedeutet.

Leitsatz 25

Standardmaßnahmen

Standardmaßnahmen sind typische polizeiliche Maßnahmen, die spezielle Regelungen erfahren haben; in ihnen werden die Anforderungen für den jeweiligen Grundrechtseingriff vorgegeben.
Beispiele: Sicherstellung, Identitätsfeststellung, Vorladung, Platzverweisung

Generalklausel

 **Fall 148**

W kehrt des Nachts von einer Weltumseglung zurück. Seinen Trailer mit dem Segelboot stellt er auf der Straße vor seinem Haus ab, bevor er völlig erschöpft ins Bett fällt. Kaum eingenickt, reißt ihn die Klingel aus dem Schlaf. An der Haustür findet er zwei Polizeibeamte vor: Das Segelboot rage soweit in die Straße hinein, dass der Straßenverkehr erschwert werde. Sie fordern W auf, den Trailer mit dem Segelboot an anderer Stelle abzustellen. Auf welcher Vorschrift beruht diese Maßnahme?

Nicht alle Fallkonstellationen, in denen Maßnahmen zur Gefahrenabwehr erforderlich sind, lassen sich vorhersehen und speziell regeln. Die Landesgesetzgeber haben daher ins jeweils einschlägige Gefahrenabwehrgesetz eine Generalklausel eingefügt, die weder besondere Eingriffshandlungen regelt noch konkrete Eingriffsvoraussetzungen normiert: Bei jedem Auftreten einer Gefahr für die öffentliche Sicherheit (oder Ordnung) ermächtigt sie die Polizei- bzw. Ordnungsbehörden zum Einschreiten. Die Offenheit des Tatbestandes macht flexibles Handeln und insbesondere auch die Reaktion auf bislang unbekannte Gefahren möglich.

Zu finden ist die Generalklausel in Ihrem jeweiligen Bundesland in folgender Vorschrift: Baden-Württemberg § 3 PolG, Bayern: Art. 11 PAG, Berlin: § 17 Berl ASOG, Brandenburg: § 10 I Bbg PolG, Bremen: § 10 HB PolG, Hamburg: § 3 HH SOG, Hessen: § 11 He SOG, Sachsen-Anhalt: § 13 LSA SOG, Mecklenburg-Vorpommern: § 13 MV SOG, Niedersachsen: § 11 Nds SOG, Nordrhein-Westfalen: § 8 NW PolG, Rheinland-Pfalz: § 9 RP POG, Saarland: § 3 Saarl POG, Sachsen: § 8 Sächs POG, Schleswig-Holstein: §§ 174, 176 LVwG, Thüringen: § 12 Th PAG.

Auf die Generalklausel darf eine Maßnahme nur gestützt werden, wenn keine Spezialbefugnis (wie eine Standardmaßnahme) greift. So ist sichergestellt, dass besondere Voraussetzungen von Spezialregelungen nicht unterlaufen werden.

Voraussetzung dafür, eine Maßnahme aufgrund der Generalklausel vorzunehmen, ist zweierlei: Eine **Gefahr für die öffentliche Sicherheit oder Ordnung** sowie die **Polizeipflicht** des Adressaten.

Schutzgut der Generalklausel ist die öffentliche Sicherheit (sowie in einigen Bundesländern daneben noch die öffentliche Ordnung – dazu sogleich). Die öffentliche Sicherheit umfasst die Unverletzlichkeit der Rechtsordnung, der subjektiven Rechte und Rechtsgüter des Einzelnen sowie den Bestand und die Funktionsfähigkeit staatlicher Einrichtungen. Übersicht 36 bereitet das Ganze graphisch auf:

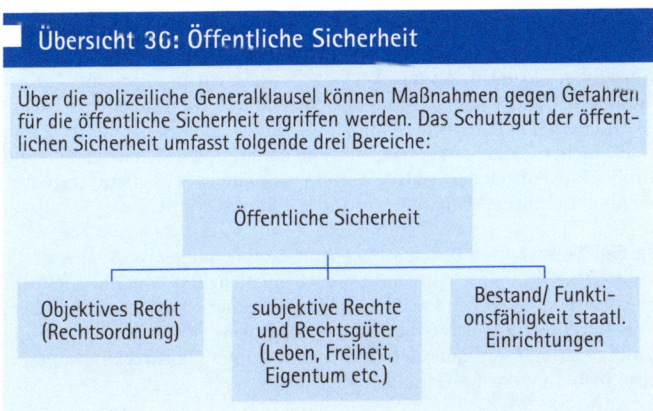

Übersicht 36: Öffentliche Sicherheit

Über die polizeiliche Generalklausel können Maßnahmen gegen Gefahren für die öffentliche Sicherheit ergriffen werden. Das Schutzgut der öffentlichen Sicherheit umfasst folgende drei Bereiche:

Öffentliche Sicherheit

- Objektives Recht (Rechtsordnung)
- subjektive Rechte und Rechtsgüter (Leben, Freiheit, Eigentum etc.)
- Bestand/ Funktionsfähigkeit staatl. Einrichtungen

Wichtigstes Element der öffentlichen Sicherheit ist die Unverletzlichkeit der Rechtsordnung. Jede drohende oder bereits begangene Verletzung einer Rechtsnorm beeinträchtigt die öffentliche Sicherheit.

Zurück zu **Fall 148**: Die Verfügung der beiden Polizeibeamten gegenüber W, den Segelboottrailer zu entfernen, beruht auf der polizeilichen Generalklausel. Betroffen ist das Schutzgut der öffentlichen Sicherheit, nämlich die Unverletzlichkeit der Rechtsordnung. Sie umfasst die Einhaltung aller Gesetze, Verordnungen und Satzungen, die den Bürger zu einem bestimmten Verhalten gegenüber dem Staat oder Dritten verpflichten. Das Abstellen des Trailers auf der Straße verstieß gegen § 32 StVO. Der Vorschrift zufolge ist es verboten, Gegenstände auf Straßen zu bringen oder dort liegen zu lassen, wenn dadurch der Verkehr gefährdet oder erschwert werden kann. Es lag mithin eine Gefahr für die öffentliche Sicherheit vor, die die Polizeibeamten zu einer Maßnahme auf Grundlage der polizeilichen Generalklausel veranlasste.

▬ Fall 149

Mieter M ist seinem Vermieter V einige Monate die Miete schuldig geblieben. V begibt sich zur Wohnung des M, um diesem wutentbrannt mitzuteilen, dass er die Polizei rufen werde, wenn M nicht auf der Stelle zahle. Leere oder ernstzunehmende Drohung?

Zu den von der öffentlichen Sicherheit umfassten Schutzgütern gehören, wie gerade erwähnt, die subjektiven Rechte und Rechtsgüter des Einzelnen, also etwa private Vermögenswerte ebenso wie Ehre, Leben, Gesundheit oder Freiheit. Kann der Einzelne zur Wahrung seiner Rechte jedoch gerichtlichen Rechtsschutz in Anspruch nehmen, steht dies einem polizeilichen Eingreifen entgegen, wenn dadurch keine Rechtsvereitelung droht. Die Polizei darf aktive Schutzmaßnahmen nur dann ergreifen, wenn gerichtliche Maßnahmen zu spät kommen würden.

In Fall 149 sind, da M seine Miete nicht zahlt, subjektive Rechte des V betroffen. Die Polizei wird ihm jedoch nicht helfen können. Vielmehr muss V seine Ansprüche vor den ordentlichen Gerichten geltend machen. Die Durchsetzung privatrechtlicher Ansprüche ist der Rechtsordnung zufolge primär Aufgabe der Gerichte und ihrer Vollstreckungsorgane, also insbesondere des Gerichtsvollziehers.

▬ Fall 150

„Haste mal 'nen Euro?" ist B's Lieblingsspruch. Seitdem immer weniger Passanten einen solche herauszurücken geneigt sind, werden die Methoden des B immer rabiater: Wer seinen „Wegezoll" nicht entrichtet, muss damit rechnen, am Vorbeigehen gehindert oder angepöbelt zu werden. Der herbeigerufene Polizist P untersagt B schließlich weiteres Betteln. Worauf beruht die Untersagungsverfügung?

Neben der öffentlichen Sicherheit kennen die Generalklauseln der meisten Bundesländer das Schutzgut der öffentlichen Ordnung. Darunter versteht man die Gesamtheit der ungeschriebenen Normen, deren Befolgung nach sozialen und ethischen Anschauungen als unentbehrliche Voraussetzung eines geordneten menschlichen Zusammenlebens angesehen wird, so genannte „Sozialnormen" also. Da zwischenzeitlich immer mehr Lebenssachverhalte gesetzlich geregelt worden sind, kommt dem Schutzgut der öffentlichen Ordnung jedoch allenfalls noch geringe Bedeutung zu.

Das aggressive Betteln des B in Fall 150 stellt einen Verstoß gegen die öffentliche Ordnung dar. Die Untersagungsverfügung des P lässt sich daher auf die Generalklausel stützen, sofern in dieser die öffentliche Ordnung als Schutzgut aufgeführt ist.

■■■ Fall 151

Nochmals zurück zu Weltumsegler W aus Fall 148, der sein Segelboot so unglücklich platzierte, dass er es entfernen musste. W hatte gegen Vorschriften der StVO verstoßen, so dass das Schutzgut der öffentlichen Sicherheit betroffen war. In welcher Form war die öffentliche Sicherheit betroffen?

Tatbestandliche Voraussetzung einer Maßnahme aufgrund der polizeilichen Generalklausel ist das Vorliegen einer Gefahr für die öffentliche Sicherheit oder Ordnung. Eine Gefahr ist ein Zustand, der nach verständiger, auf allgemeiner Lebenserfahrung beruhender Beurteilung in näherer Zeit bei ungehindertem Ablauf des Geschehens den Eintritt eines Schadens für die öffentliche Sicherheit oder Ordnung befürchten lässt, kurz: die hinreichende Wahrscheinlichkeit eines Schadenseintritts. Hat sich eine Gefahr bereits realisiert, so spricht man von einer Störung.

In Fall 151 hatte sich mit dem Verstoß gegen § 32 StVO bereits eine Gefahr für die öffentliche Sicherheit (nämlich die Unverletzlichkeit der Rechtsordnung) realisiert. Es lag demnach bereits eine Störung der öffentlichen Sicherheit vor. Eine Gefahrenabwehrverfügung aufgrund der Generalklausel kann naturgemäß auch bei einer bereits eingetretenen Gefahr ergehen, so dass die von W verursachte Störung die Polizeibeamten zu ihrer Verfügung berechtigte.

■ Fall 152

Regisseur R lässt seinen Protagonisten A als Bankräuber verkleidet mit erhobener Waffe auf eine kleinstädtische Bank zulaufen. Die Bankmitarbeiter sind instruiert und freuen sich auf ihre Statistenrollen. Die Vorfreude findet ein jähes Ende, als der Polizeibeamte P den auf die Bank zustürmenden A mittels einer rechten Geraden niederstreckt, um ihn sodann seelenruhig festzunehmen. Weder die Kameras noch das Fernsehteam konnte P aus seiner Perspektive erkennen. Lag eine Gefahr für die öffentliche Sicherheit vor?

Maßstab für die Beurteilung der Gefahrenlage ist eine objektive ex-ante-Betrachtung. Ex ante bedeutet synonym „zuvor" oder „aus vorheriger Sicht". Ex-ante-Betrachtung heißt also, dass die Sichtweise in dem Zeitpunkt maßgeblich ist, in dem der Polizeibeamte handelte. Objektiv bedeutet, dass nicht auf den individuellen Amtswalter, sondern die Sicht eines objektiven Dritten abzustellen ist. Hätte ein objektiver Dritter im Zeitpunkt des Handelns angenommen, dass eine Gefahr vorliegt, stellt sich aber im Nachhinein (ex post) heraus, dass eine solche gar nicht bestand, so spricht man von einer Anscheinsgefahr. Sie ist der echten Gefahr gleichgestellt, die vorgenommene Maßnahme daher rechtmäßig. Dass liegt daran, dass nur so eine effektive Gefahrenabwehr gewährleistet werden kann. Müsste der handelnde Beamte nämlich bei jeder Fehleinschätzung befürchten, dass die Maßnahme rechtswidrig ist etwa zusätzlich Amtshaftungsansprüche auslöst, so würde dies zu starker Zurückhaltung und Unsicherheit bei der Vornahme gefahrbekämpfender Maßnahmen führen.

Auch ein objektiver Dritter hätte im Zeitpunkt des Handelns in Fall 152 nicht erkennen können, dass es sich bei dem Banküberfall lediglich um Dreharbeiten für den nächsten Actionstreifen des R handelte: Filmteam und Kameras waren nicht zu sehen. Bei objektiver ex-ante-Betrachtung lag also eine Gefahr für die öffentliche Sicherheit vor (nämlich dass Straftaten begangen würden), auch wenn sich dies ex post als falsch herausstellte. Die Maßnahmen des P waren damit rechtmäßig.

■ Fall 153

Die gleiche Situation wie in Fall 152, nur dass dieses Mal vom Standort des P aus das komplette Drehteam zu sehen ist. Ändert sich etwas im Hinblick auf das Vorliegen einer Gefahr?

Liegt bei objektiver ex-ante-Betrachtung keine Gefahr vor und nimmt der handelnde Polizeibeamte eine solche lediglich irrtümlich an, so spricht man von einer **Scheingefahr** (oder **Putativgefahr**). Anders als die Anscheinsgefahr berechtigt die Scheingefahr die Polizei- bzw. Ordnungsbehörden nicht zu Gefahrenabwehrmaßnahmen; vielmehr macht sie ihr Handeln rechtswidrig. Denn es kann nicht jede subjektive Vorstellung des handelnden Beamten für das Bejahen einer Gefahr ausreichen; hätte ein objektiver Dritter erkannt, dass tatsächlich keine Gefahr vorliegt, fehlt es an dieser Tatbestandsvoraussetzung für Maßnahmen nach der Generalklausel.

In **Fall 153** ist das Einschreiten des P demnach mangels Vorliegens einer Gefahr rechtswidrig. Die irrtümliche Annahme des P, dass tatsächlich ein Banküberfall bevorstünde, begründet lediglich eine Scheingefahr.

▬▬ Fall 154

Auf dem Grundstück des A befand sich bis vor kurzem eine Tankstelle. Der Grund und Boden steht im Verdacht, durch ausgelaufene Benzinfässer verunreinigt zu sein. Der zuständige Behördensachbearbeiter B fragt sich, ob er den Boden gleich ausheben lassen oder ihn auf eine etwaige Kontamination hin untersuchen lassen soll. Welche Alternative ist die einzig richtige?

Hat die handelnde Behörde keine Gewissheit darüber, ob Umstände vorliegen, die den Eintritt eines Schadens für die öffentliche Sicherheit oder Ordnung befürchten lassen (sogenannter **Gefahrenverdacht**), so darf sie lediglich Maßnahmen treffen, die der Erforschung der möglicherweise bestehenden Gefahr dienen.

Der Gefahrenverdacht in **Fall 154** berechtigt den B also lediglich zu Gefahrerforschungsmaßnahmen wie Probebohrungen oder Wasseruntersuchungen. Denn erst nach den Erforschungsmaßnahmen lässt sich beurteilen, ob gefahrbegründende Umstände vorliegen, die einen Schadenseintritt wahrscheinlich erscheinen lassen.

Übersicht 37: Der Begriff der Gefahr

Gefahr:	hinreichende Wahrscheinlichkeit eines Schadenseintritts
– „echte" Gefahr:	Situation, in der der öffentlichen Sicherheit oder Ordnung tatsächlich ein Schaden droht
– Anscheinsgefahr:	Situation, in der nach objektiver ex-ante-Beurteilung eine Gefahr vorliegt, was sich ex post als falsch herausstellt – der echten Gefahr gleichgestellt; Argument: Effektivität der Gefahrenabwehr
– Putativgefahr:	Situation, bei der der individuelle Amtswalter irrtümlich eine Gefahr annimmt, obgleich nach objektiver ex-ante-Beurteilung keine Gefahr vorliegt – keine Gefahr im Sinne der Generalklausel; Maßnahmen rechtswidrig
– Gefahrenverdacht:	Situation, in der die Behörde keine Klarheit darüber hat, ob eine Gefahr vorliegt – der Gefahrenverdacht berechtigt nur zu Gefahrenerforschungseingriffen

Polizeipflicht

Eine Gefahr für die öffentliche Sicherheit oder Ordnung können die Behörden selbst abwehren oder sie können bestimmte Personen hierfür in Anspruch nehmen. Gefahrenabwehrmaßnahmen sind zumeist mit Eingriffen verbunden; grundsätzlich muss der in Anspruch Genommene daher für die Gefahrensituation verantwortlich sein (sogenannte Polizeipflicht).

■■■■ Fall 155

Der gerade dem Teenageralter entwachsene J macht sich einen Spaß daraus, auf dem Radfahrweg Öl zu vergießen, um Radler ins Schleudern zu bringen. Polizist P fordert ihn auf, von seinem Tun abzulassen und die Straße vom Öl zu reinigen. T ist Eigentümer und Halter eines tollwütigen Hundes. Ihm wird aufgegeben, seinen Hund einschläfern zu lassen. Sind J und T polizeipflichtig?

Zwei Formen der Polizeipflicht sind zu unterscheiden: Je nachdem, ob die Gefahr von einem Verhalten oder von dem Zustand einer Sache ausgeht, spricht man vom Verhaltensstörer oder Zustandsstörer. Wer durch sein Tun oder Unterlassen eine Gefahr verursacht, ist **Verhaltensstörer**. Wer Eigentümer oder Inhaber der tatsächlichen Gewalt über eine Sache ist, die eine Gefahr für die öffentliche Sicherheit auslöst, ist **Zustandsstörer**. Inhaber der tatsächlichen Gewalt ist dabei, wer die Sachherrschaft im Zeitpunkt des polizeilichen Einschreitens ausübt; auf die Rechtsverhältnisse bezüglich dieses Herrschaftsverhältnisses kommt es nicht an: Sowohl der unrechtmäßige Besitzer wie etwa ein Dieb, als auch der berechtigte Besitzer wie etwa ein Mieter oder Pächter können Zustandsstörer sein. Die entsprechenden Vorschriften in Ihrem Landesgesetz aufzufinden, sollte nicht schwer sein.

Wer weder Zustands- noch Verhaltensstörer ist, kann nur unter besonderen, ganz eng umrissenen Voraussetzungen zur Gefahrenabwehr in Anspruch genommen werden: Eine Inanspruchnahme des Nichtstörers kommt u.a. erst dann in Betracht wenn Maßnahmen gegenüber den eigentlichen Störern die Gefahr nicht oder nicht rechtzeitig beseitigen können und es auch der Polizei nicht möglich ist, die Gefahr mit eigenen Mitteln oder durch Beauftragte abzuwehren. Klassischer Fall ist etwa das Verbot einer friedlichen Versammlung wegen befürchteter gewaltsamer Gegendemonstrationen.

In **Fall 155** ist J als Verhaltensstörer polizeipflichtig. Durch sein Verhalten verstößt er gegen Vorschriften der StVO und begründet damit eine Gefahr für die öffentliche Sicherheit. T ist als Eigentümer und Inhaber der tatsächlichen Sachherrschaft über einen tollwütigen Hund als Zustandsstörer zu betrachten. Er kann daher zur Beseitigung der Gefahren, die von seinem kranken Tier ausgehen, herangezogen und zur Einschläferung verpflichtet werden.

■■■ Fall 156

I ist Inhaber einer Dessous-Boutique. Die Unterwäsche findet bei den Damen der Stadt schon seit längerer Zeit keinen Anklang mehr. Doch hat ein Freund den rettenden Einfall: „Lebendige Schaufensterpuppen". Der Werbegag lockt so viele Passanten an, dass der Verkehr auf der Straße zum Erliegen kommt. Polizist P möchte dem bunten Treiben ein Ende setzen, indem er I die Vorführung der Dessousmodels untersagt. Ist I Störer?

Würde man für die Begründung der Störereigenschaft allein die Verursachung einer Gefahr als maßgeblich ansehen, so würde dies einen uferlosen Kreis an Verantwortlichen bedeuten. Nach herrschender Meinung ist daher entscheidend, wer die **unmittelbare** – also in der Regel zeitlich letzte – **Ursache** für den Eintritt einer Gefahr setzt. Um die Definition in ihrer ganzen Pracht wiederzugeben: Polizeipflichtig ist, wer bei wertender Betrachtung unter Einbeziehung aller Umstände des jeweiligen Einzelfalls die Gefahrengrenze überschritten hat und damit die unmittelbare Ursache für den Eintritt der Gefahr gesetzt hat.

Eine Ausnahme ist von dieser Theorie der unmittelbaren Verursachung allerdings zu machen: Wer die Gefahrengrenze nicht unmittelbar überschreitet, aber durch seine Handlung das typische Risiko anlegt, dass Dritte an die von ihm gesetzte Ursache anknüpfen, kann als so genannter **Zweckveranlasser** polizeipflichtig sein. Der veranlassende Hintermann muss sich das störende oder gefährdende Verhalten Dritter unter wertender Betrachtung zurechnen lassen. Nach wohl überwiegender Ansicht genügt es dabei, wenn objektiv typischerweise mit einem störenden Verhalten Dritter zu rechnen ist. Nach anderer Auffassung muss der Veranlasser die Störung subjektiv zumindest billigend in Kauf genommen haben.

In **Fall 156** hat der Menschenauflauf zu Verkehrsbehinderungen geführt. Unmittelbar verursacht wurde die Gefahr für den Straßenverkehr allein durch die Passanten, die gegen § 1 II StVO verstoßen haben („Jeder Verkehrsteilnehmer hat sich so zu verhalten, dass kein Anderer geschädigt, gefährdet oder mehr, als nach den Umständen unvermeidbar, behindert oder belästigt wird."). I muss sich dies jedoch als Zweckveranlasser zurechnen lassen: Das öffentliche Interesse hatte er durch die außergewöhnliche Art der Werbung gerade bezweckt. Polizist P kann ihn daher zur Gefahrenbekämpfung als Störer in Anspruch nehmen.

▪ Fall 157

Führt I wie im vorangegangenen Fall Dessousmodels in seinem Schaufenster vor und bildet sich daraufhin eine den Verkehr behindernde Menschentraube vor dem Geschäft, so sind sowohl die Passanten wie auch I als Störer anzusehen. Polizist P hatte I in Anspruch genommen und ihm die weitere Vorführung untersagt. War das rechtmäßig? Oder hätte P nicht vielmehr gegen die Passanten vorgehen müssen?

Sind mehrere Personen polizeilich verantwortlich, steht die Auswahl des Pflichtigen im pflichtgemäßen Ermessen der Polizei bzw. Ordnungsbehörde. Entscheidend ist grundsätzlich, wer am leistungsfähigsten ist, wer die Gefahr am schnellsten und wirksamsten beseitigen kann. Ist die in Anspruch genommene Person zwar Störer, erweist sich die Auswahl aber als fehlerhaft, so liegt auf der Rechtsfolgenseite ein Ermessensfehler vor: Die Maßnahme ist rechtswidrig.

Faustformeln wie „Verhaltensstörer vor Zustandsstörer", die durch die Ausbildungsliteratur geistern, sollten in Prüfungen lieber unerwähnt bleiben. Maßgeblich ist, wer am leistungsfähigsten ist und die Gefahr am effektivsten beseitigen kann.

In Fall 157 war es am effektivsten, die weitere Aufführung von Unterwäschemoden gegenüber dem I zu untersagen. Davon nämlich war zu erwarten, dass sich die Menschenansammlung auflöste und damit wiederum die Verkehrsbehinderung ein Ende fände. P hat demnach den richtigen Störer ausgewählt und somit ermessensfehlerfrei gehandelt. Seine Maßnahme war rechtmäßig.

Übersicht 38 fasst die Ausführungen zur Polizeipflicht noch einmal zusammen.

Übersicht 38: Polizeipflicht

Polizeipflicht

Verhaltensstörer	Zustandsstörer
wer durch sein Tun oder Unterlassen eine Gefahr verursacht	wer Eigentümer, Inhaber der tatsächlichen Gewalt oder Berechtigter an einer Sache ist, die eine Gefahr für die öffentliche Sicherheit auslöst

– Grundsätzlich ist nur polizeipflichtig, wer die unmittelbare – i.d.R. also die zeitlich letzte Ursache – für den Eintritt einer Gefahr setzt. Ausnahme: Der Zweckveranlasser, der das typische Risiko anlegt, dass Dritte an die von ihm gesetzte Ursache anknüpfen und eine Gefahr begründen.

– Sind mehrere Störer vorhanden, besteht hinsichtlich ihrer Auswahl Ermessen.

– Entscheidende Kriterien: Leistungsfähigkeit des Störers, Effektivität der Gefahrenabwehr

So, soviel zum Verwaltungsrecht. Sicherlich ließ sich auch anhand der Beispielsfälle veranschaulichen, dass dieses Rechtsgebiet entgegen vieler Vorurteile alles andere als trocken und öde ist. Vielmehr handelt es sich dabei um eine lebendige und vor allem praxisrelevante Materie, deren Auswirkungen in nahezu allen Bereichen des täglichen Lebens spürbar sind – wäre dies anders, würde es kaum so viele Juristen in den öffentlichen Dienst ziehen. Und ist die Struktur des Verwaltungsrechts erst einmal durchschaut, fällt seine Handhabung in Prüfung wie Praxis nicht schwer. Viel Freude dabei!

AufenthG	Aufenthaltsgesetz
AT	Allgemeiner Teil
BAföG	Bundesausbildungsförderungsgesetz
BauGB	Baugesetzbuch
BImSchG	Bundesimmissionsschutzgesetz
BBG	Bundesbeamtengesetz
BGB	Bürgerliches Gesetzbuch
bspw.	beispielsweise
BT	Besonderer Teil
bzw.	beziehungsweise
d.h.	das heißt
EinlALR	Einleitung zum Allgemeinen Preußischen Landrecht
GastG	Gaststättengesetz
GG	Grundgesetz
GewO	Gewerbeordnung
i.S.d.	im Sinne des
o.Ä.	oder Ähnliches
RVO	Rechtsverordnung
StVG	Straßenverkehrsgesetz
StVO	Straßenverkehrsordnung
u.a.	unter anderem
usw.	und so weiter
VA	Verwaltungsakt
VersG	Versammlungsgesetz
VwVfG	Verwaltungsverfahrensgesetz
VwGO	Verwaltungsgerichtsordnung
VwVG	Verwaltungsvollstreckungsgesetz
VwVZ	Verwaltungszustellungsgesetz
WA	allgemeines Wohngebiet
WR	reines Wohngebiet
z.B.	zum Beispiel

(Fortsetzung von Seite 4)

Blaue Serie

Kudert
Steuerrecht – leicht gemacht
Das deutsche Steuerrecht

Warsönke
Einkommensteuer – leicht gemacht
Das EStG-Lehrbuch. Übersichtlich –
kurzweilig – einprägsam

Heinen
**Die Steuer der Personen-
gesellschaften – leicht gemacht**
GbR, OHG, GmbH & Co. KG ...

Warsönke
**Körperschaftsteuer –
leicht gemacht**
Die Ertragsbesteuerung von GbR,
OHG, KG, GmbH & Co. KG, stiller Ge-
sellschaft sowie deren Gesellschafter

Mücke
Umsatzsteuer – leicht gemacht
Recht der MwSt

Kerstin Schober
Gewerbesteuer – leicht gemacht
Eine Darstellung mit praktischen
Fällen. Systematisch – präzise –
verständlich

Drobeck
Erbschaftsteuer – leicht gemacht
Das ErbSt/SchSt-Lehrbuch. Über-
sichtlich – kurzweilig – einprägsam

Warsönke
Abgabenordnung – leicht gemacht
Das ganze Steuerverfahren

Warsönke
Steuerstrafrecht – leicht gemacht
Verstoß, Verfolgung, Sanktion

Schober
**Die Steuer der Immobilien –
leicht gemacht**
Haus- und Grundbesitz im
Steuerrecht

Schinkel
**Die Steuer der GmbH –
leicht gemacht**
Das Steuerbuch zur wichtigsten
Kapitalgesellschaft

Sladek
EÜR – leicht gemacht
Die Einnahme-Überschuss-
Rechnung

Sorg
Steuerbilanz – leicht gemacht
Die Beachtung steuerlicher Grund-
sätze

Kudert/Sorg
Rechnungswesen – leicht gemacht
Buchführung und Bilanz

Kudert/Sorg
IFRS – leicht gemacht
Eine Einführung in die International
Financial Reporting Standards

Heinen
**Internationales Steuerrecht –
leicht gemacht**
Die Besteuerung grenzüberschrei-
tender Sachverhalte

In regelmäßigen Neuauflagen, 10,90 /11,90 /12,90 €
Weitere Bücher: www.leicht-gemacht.de